석학당 출판사
www.shdbooks.co.kr

외식 창업 컨설팅 실무

조용범

FOOD CONSULTING

| 목차 |

【이론편】

1장 창업 트렌드

1. 외식창업 트렌드_10

2. 서양 외식업 트렌드_12

3. 음식문화의 고급화 · 선진화가 필요한 외식산업_13

4. 외식창업_17

5. 레스토랑 경영_20

2장 점포입지 시 유리한 조건

1. 점포 선택의 판단기준_28

2. 점포 운영시 참고사항_29

3. 코스트 이론_30

4. 실패하지 않는 외식업 창업_31

5. 외식산업의 비즈니스_33

6. 외식산업 전망과 마케팅 트렌드_34

7. 외식산업 트렌드_35

8. 소비자 트렌드_38

3장 창업마케팅

1. 틈새시장이나 새로운 개념을 기획_47

2. 연계 마케팅_47

3. 차별화 전략_48

4. 신속한 차별화의 실현_48

5. 새로운 개념을 기획_49

6. 업종별 가격 전략_49

7. 홍보 전략_50

8. 소자본창업을 위한 인터넷 홍보_51

9. 인터넷 홍보 관리_54

4장 창업자 마인드

1. 가슴을 크게 열어야 성공하는 창업_56

2. 성공하기 위한 목표_59

3. 창업자의 경영방침_61

4. 결단력이 성공의 포인트_62

5. 끝없는 도전정신_63

6. 정보와 기술력_65

7. 성공사례 입수_66

8. 창업은 새로운 도약_67

9. 창업의 정확한 분석_68

10. 창업자의 자세_69

· 사업계획서 예시: 한식 전문점의 성공 전략_72

【실기편】

제1장_한식

육계장_98
설렁탕_100
갈비탕_102
곰탕과 꼬리곰탕_104
소머리 국밥_106
돼지보쌈_108
상추쌈 샤브샤브_110
비빔밥_112
선지국_114
추어탕_116
해물 칼국수_118
황태 해장국_120
콩나물 국밥_122
냉면_124
생태탕_126
한방오리 백숙_128
닭백숙_130
감자탕_132
수원갈비 소금양념구이_134
소갈비 간장양념구이_136
돼지갈비 간장양념구이_138
매운 갈비찜_140
굴밥_142
버섯전골_144
불고기_146
간장게장_148

제2장_양식

단 호박 스프_152

양파 스프_154

펍도우로 감싼 쇠고기 콘소메_156

토마토와 모짜렐라 치즈 샐러드와 발사믹 비네거_158

컨트리 치킨 샐러드와 오렌지 드레싱_160

케이준 새우 샐러드와 핫 베이컨 머스타드 소스_162

허브 크러스트를 씌운 양갈비와 프로방샬 소스_164

거위간을 곁들인 안심 스테이크_166

랍스타 텔미도르_168

바다가재와 안심_170

매운맛 바비큐 소스의 돼지갈비_172

바비큐 폭립 & 독일식 모듬 소시지_174

빠엘라(해물밥)_176

그릴드 씨푸드 & 발사믹 소스, 토마토 살사_178

야채와 해산물 그라탕_180

이따리아노 스테이크_182

치즈와 햄을 넣은 닭고기 꼬르동불루_184

비가라더소스와 토마토살사를 곁들인 오리가슴살 요리_186

솔잎 향을 넣은 바닷가재 찜요리_188

도리아풍의 치킨 그라탕_190

해산물 피자_192

살라만더에 구운 광어와 바질 크림소스_194

쇠고기 카르파쵸와 바질 무슬린_196

허브에 절인 도미요리와 토마토소스_198

팝레스토랑식 등심스테이크와 보졸레 소스_200

찹 스테이크_202

바질과 올리브오일로 맛을 낸 바닷가재 파스타_204

해물 크림 파스타_206

토마토 해물 스파게티_208

크림 소스펜네_210

오븐 스파게티_212

봉골레 비안코_214

먹물 스파게티_216

제3장_중식

오리알냉채_220

오징어냉채_222

새우냉채_224

오향장육_226

쇠고기 고추잡채와 꽃빵찜_228

게불부추잡채와 꽃빵찜_230

고구마탕_232

옥수수탕_234

게살 상어지느러미 스프_236

옥수수스프_238

산라탕_240

죽생송이제비집수프_242

깐풍기_244
라조육_246
라조기_248
팔보채_250
난자완자_252
쇠고기 탕수육_254
돼지탕수육_256
삼선해물 누룽지탕_258
마파두부_260
매운맛상어지느러미_262
류산슬_264
상어지느러미찜_266
삼선상어지느러미_268
통전복찜_270
닭고기 케슈넛 볶음_272
생선찜_274
일품해삼_276
새우 토스트소스_278
청채굴기름소스_280
왕새우찜_282
왕새우칠리소스_284
계란말이_286
탕수도미_288
전가복_290
쇠고기 야채볶음_292
쇠고기 짜장볶음_294
꽃빵_296
군만두_298
물만두_300
양장피_302
잡탕밥_304
새우볶음밥_306

chapter 1

창업에 대한 트렌드

1. 외식창업 트렌드

시대적 변화와 경제여건 성장으로 인한 인간의 욕구충족을 자신의 기대치에 맞춰 누구나 한번쯤은 창업에 대한 생각을 한다. 외식산업에 종사하는 종업원이나 외식관련학과 학생들 뿐 아니라 일반 회사원, 소자본 창업희망자들이 창업을 하고자 하는데 그 이유는 잘만 하면 현재의 생활에서 단기간에 여유로운 삶을 추구하기 위한 방법으로 생각하기 때문이다. 현금회수율이 높고 단기간에 황금알을 낳는 외식업을 통해 성공으로만 이어 진다면 어떠한 사업보다도 매력이 있다고 생각하기에 지금도 많은 사람이 창업을 고려하고 있다.

성공적인 창업을 하기 위해서는 계획을 잘 세워야한다. 창업을 하려는 사람들의 몇 가지 공통

점을 살펴보면 별다른 기술이 없어도 창업할 수 있다고 생각하거나, 작은 자본으로 창업할 수 있고, 타 점포에 비해 가격을 저렴하게 하여 영업이 잘 되게 할 수 있다는 점과 친절하게하면 된다거나 창업자는 의욕으로 부지런히 하면 된다는 생각이 지배적이다. 의욕만 가지고 갑자기 서둘러 하는 창업은 성공하기 힘들다. 즉 중장기적으로 세밀하게 계획을 세워야 한다. 우리나라 외식창업 선호도를 보면 중식, 일식, 양식 프랜차이즈 등을 제치고 단연 한식전문점이 1위를 차지하고 있다(2000.12 상공회의소 상공지원 센터). 외식창업을 하고자 하는 사람들 중에서 한식당을 운영하고자 하는 성향이 높은 것을 알 수 있는데 한식당 중에서도 어떤 아이템을 가지고 하는 가에 따라서 성패가 좌우된다. 우리나라 사람들은 이제 한식당에 대하여 너무나 잘 알고 있다.

대부분의 사람들은 한식당에 대한 상식은 한 두 가지 정도는 알고 있으며 맛에 관한 식별 능력이 뛰어나다. 따라서 아무리 많은 돈을 들여서 외형을 잘 꾸미고 대형으로 인테리어를 했다 하더라도 맛이 없으면 그 집에는 절대 가지 않는 것이 고객이다.

음식은 이제 단순히 배를 불리기 위한 것이 아니다. 음식을 즐기고 레저로 까지 생각하는 시대가 왔기 때문이다. 작은 규모의 식당이라 해도 하나의 경영이자 외식업 여건에 맞는 경영 노하우가 있어야만 고객을 다시 불러올 수 있게 된다. 이러한 이유로 한식당의 창업은 그리 쉬운 것은 아니다. 한식당의 창업은 충분한 시간을 가지고 음식에서부터 경영에 이르기 까지 일정기간 트레이닝 과정을 통해서 창업을 해야 한다. 위와 같은 과정을 거쳐야만 성공적인 한식당이 될 수 있으며 이루고자 하는 목표를 달성할 것이기 때문이다. 한식당은 다른 업종보다는 소비층이 두텁기 때문에 실패 할 수 있는 위험부담이 타 업종에 비해 적다. 철저한 계획을 잘 수립하고 굳은 신념으로 운영한다면 성공적인 외식사업 창업을 전개할 수 있다.

최근에는 동남아의 홍콩, 중국, 일본, 필리핀, 태국 등의 국가에서 불고 있는 새로운 한류 바람이나 영화나 연속극을 통하여 알려진 문화의 형성으로 한국음식점이 크게 성행하고 있다, 예를 들어 대장금의 인기로 말미암아 한국음식에 대한 관심은 가히 폭발적이며, 또한 미국이나 유럽에서도 우리나라 김치가 2003년 전세계를 공포에 떨게 했던 사스(SARS)의 예방효과가 있다고 알려지기 시작하였고, 유럽의 슬로우 푸드 선호경향은 이를 더욱 부채질하고 있다.

그러나 정작 우리나라에서는 이러한 호기를 충분히 활용할 수 있는 음식정책이나 경영전략이 미약한 실정이다. 우리나라에는 세계적 브랜드로 키울만한 다양한 종류의 전통음식이 많이 있지만, 아직은 프랑스, 이태리, 중국 등과 같은 세계적 브랜드음식에는 훨씬 미치지 못하고 있다고 볼 수 있다. 더욱이 최근 부상하고 있는 태국음식의 성공적인 해외진출을 바라볼 때 우리 음식의 세계화를 위한 창업브랜드와 경영인의 강력한 의지가 필요한 시점이라고 할 수 있다.

이와 같은 세계적 브랜드를 하루아침에 이룰 수는 없을 것이기 때문에 우리나라는 지금부터라도 한국음식을 세계인의 입맛에 맞도록 지속적으로 개발하고, 조리법을 표준화하여 세계에 보급함은 물론 국내의 음식문화를 국제수준에 맞도록 고급스럽게 수준을 높여나가야 한다.

한국음식의 세계화와 외식산업의 기업경영에 따른 창업브랜드는 외식사업을 성공으로 이끌어 줄수 있는 지침이다. 이제까지 한 끼의 끼니를 때우는 식사보다 외식산업을 식생활의 문화, 진정한 고객가치창출과 외국인들을 위한 창업문화가 녹아있는 식생활문화관광산업으로 전환시켜야 하고, 외식산업의 부가가치를 창출하여 세계화에 기여할 수 있는 굴뚝 없는 진정한 경쟁의 외식산업으로 육성시켜야 한다.

2. 서양 외식업 트렌드

서양식 레스토랑은 아시아의 여러 나라의 요리를 제외한 유럽과 미국 등지에서 그들의 입맛에 맞는 음식을 판매하는 레스토랑을 말한다. 즉 서양요리 레스토랑은 프랑스를 비롯하여 이탈리아, 스페인 등 라틴계열의 요리와 영국, 미국, 북유럽의 앵글로 색슨계 요리 등 수많은 나라의 요리들로 나뉘어 있는데 각 나라마다 지역적 특성과 생산되는 농수산물을 이용한 특징적인 식생활을 구축하고 있다.

오늘날 전반적인 외식산업은 생활수준의 향상으로 인한 여가시간의 증대, 여성의 사회진출 및 맞벌이 세대의 증가, 핵가족화, 독신생활자 증가와 가치관의 변화, 건강식에 대한 욕구증대, 사회 · 경제적인 환경의 변화로 질적 · 양적 측면에서 급성장하고 있다. 우리의 식생활문화와 생활수준이 향상되고 맛 이외에 분위기를 즐길 수 있는 공간은 자신이 선호하는 음식점을 선택하는 기준이 되며 테마레스토랑이나 패밀리레스토랑의 인지도가 매우 상승하고 있다.

외식산업은 인류가 존재하는 한 유일한 필수산업이며 미래지향적 산업으로써 2000년대 들어 25조원의 황금시장을 형성하여, 최근 40조원의 외형을 이루고 있다. 외식업의 외형매출형태는 생업형의 음식점과 외국의 유명다국적기업 및 국내 대기업의 치열한 각축장이 될 것으로 예상된다. 따라서 앞으로 외식산업은 업종 및 업태별 경쟁심화와 신감각형 컨셉을 중심으로 하는 새로운 업태가 출현할 것이고, 프랜차이즈와 대형화와 경영의 다각화로 기존업체의 영업경쟁력이 확대되며, 기술제휴 및 합작, 기술지원, 직접투자 등 여러 형태의 해외 유명브랜드의 도입이 가속화 될 것이다. 또한 완벽한 고객만족지향을 목표로 획기적인 경영전략을 통해 다양한 신상품개발, 원가 및 비용의 절감, 과감한 광고와 홍보 등을 통하여 채산성을 중시한 점포, 점포수 확장 및 철저한 서비스 교육훈련강화 등의 새로운 경영기법 마케팅이 표현될 것이다.

3. 음식문화의 고급화 · 선진화가 필요한 외식산업

유럽의 선진국들은 물론 세계 각국에서도 최근에는 외식산업에 문화를 도입하고, 국제시장에 맞도록 고급화하고 선진화해 나가고 있다. 지금까지 한국음식 자체를 상품화하여 부의 소지와 축적의 수단으로 창업에 목표를 두었다면, 이제는 한국음식을 새로운 식생활 문화의 콘텐츠화를 개발하고 확장하여 세계관광시장에서 각광받는 음식으로 바뀌게 하는 방향으로 외식산업 창업 목표가 변해야 한다. 한국음식을 매력적인 창업세계로 전환하기 위해서는 한국음식의 품질을 높이는 한편, 문화예술적 요소를 도입하여 고급화되고 선진화된 음식문화를 제공해 주어야 한다. 음식을 단지 먹고 살기 위해 한끼 때우는 식의 고전 문화는 이제 문화와 음식을 함께 즐기는 선진음식문화로 전환해야 할 시점인 것이다.

1) 외식업 인력의 전문화

우리 음식의 세계화를 위해서는 우리 음식의 맥을 이어나갈 수 있는 한국 전통음식 전문인력의 지속적 확충이 무엇보다도 중요하다. 이를 위해서는 기업을 경영하는 외식인은 구전되어 오는 메뉴의 개발과 전통음식의 전승과 보급을 위한 전문인력을 양성해야 한다.

또한 점차 세계시장에서 한국 음식에 대한 인지도가 높아지면서 외국의 유명식당에서 한국 요리사를 파견해 줄 것을 요청하는 경우가 있지만, 외국어 능력이 부족하여 인력 수출이 안 되는 경우가 많다고 한다. 이런 문제점을 해소하기 위해서는 조리사 등 음식전문 인력의 국제화를 위한 교육 · 훈련이 필요하다.

이외에도 해외 유명 주방장을 초청하여 한국음식을 선보이고, 우리나라 요리사를 해외에 파견하여 연수하게 하는 등 주방장 교류사업을 통한 국제감각을 지닌 전문인력의 육성도 중요하다. 내년부터 시행할 중국관광객 전문식당 지원정책의 경우, 요리경연대회를 통해 우수 요리사를 선발하여 해외 연수 기회를 제공하는 등 국제감각을 배양시킨다는 차원에서 매우 의미가 있다고 본다.

2) 한국음식조리법 표준화 및 외래어 표기책자 제작 보급

한국음식의 세계화를 위해서는 어머니의 손맛에

따라 다른 맛을 내는 한국음식의 조리법을 표준화하여 세계인 누구나 어느 곳에서건 조리법에 따라 통일된 한국의 맛을 즐길 수 있도록 하여야 한다.

한국음식의 세계화의 기초로써 표준화된 한국음식조리법이 외래어로 번역되어 세계시장에 판매되거나 배포되어야 한다. 다만, 이런 사업은 어느 특정부서에만 필요한 것은 아니기 때문에 농림부 등 관계 부처와 공동 개발하여 활용도를 높일 필요가 있다.

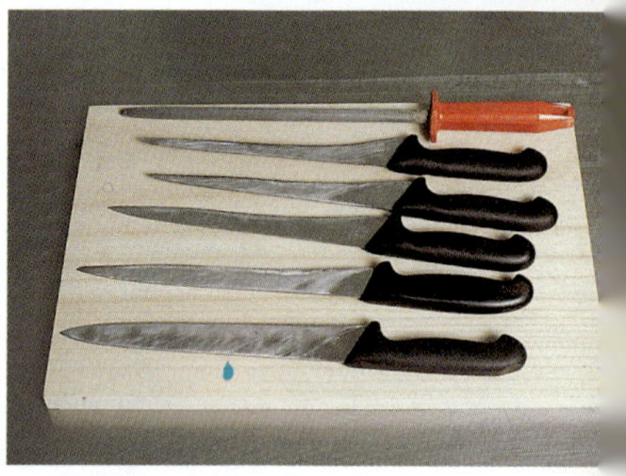

3) 각종 국제음식행사 개최 및 출품, 시연회 개최

직접 체험을 통해서만이 우리 음식에 대한 관심을 불러일으킬 수 있으므로 세계인이 우리 음식의 맛을 체험할 수 있는 기회를 많이 가질 수 있도록 다양한 국내외 음식관련 세계대회의 개최를 추진하도록 하여야 한다. 또한 외국에서 한국음식을 효과적으로 홍보할 수 있는 방법으로는 외국인 대상 한국요리경연대회 등과 같은 직접 홍보이벤트의 개최가 있다. 이 경우 수상자에게는 주무부처 장관의 상장과 상금, 또는 한국방문여행상품권 등을 제공함으로서 한국 방문의 기회와 연계시키는 전략도 필요하다.

4) 주요도시에 한국식당을 개설하고 한국음식문화의 거점으로 활용

해외의 어느 도시에 가든 중소규모의 한국식당이 많이 있다. 그러나 대부분 현지인보다는 한국교포들이 주로 이용하고 있으며, 대체로 영세한 편이어서 외국인들에게 고급스런 느낌을 제공하지 못하고 있으며 한국음식문화를 제대로 알리지 못하고 있다. 태국정부는 태국전통음식을 세계에 알리고 태국음식점을 세계에 널리 보급시키기 위해 'Kitchen of the World' Project와

'Thai Kitchen Goes International' 이라는 범국가적 정책사업을 수행하고 있다. 그 결과로 최근 세계 에스닉 푸드(ethnic food)중 태국음식이 세계시장에서 가장 급성장하는 것으로 나타나고 있다. 우리는 아직 이러한 국가적 지원이나 기업적 측면에서 외식업의 발전과 홍보가 미흡하여 안타까운 일이다.

태국의 정책에 비해 충분하지는 않지만 우리의 경우에도 대안적인 행태의 정부정책을 수립할 필요가 있다. 그 주요 대안으로는 해외 주요 도시에 한국음식문화를 대표할 수 있는 모델형 한국식당을 개설함으로써, 한국음식문화를 알리는 거점으로 활용하는 것이다. 이를 실천하기 위해서는 범정부적 차원의 공동 프로젝트로 추진하는 한국 음식의 세계화를 위한 음식 문화의 거점으로 활용할 수 있는 것이 사업의 성공을 위해서 중요하다고 판단된다.

5) 해외홍보방식의 다양화와 네트워킹 구축

우리 상품의 해외수출, 문화홍보 및 마케팅을 위해 현지에 파견된 많은 기관이 있다. 대사관, 해외문화원, 관광공사 해외지사, 무역투자진흥공사 해외지사 등이 그것이다. 그러나 효과적인 홍보를 위해 일사불란한 협력체계를 갖추고 있는 이웃나라 일본과는 달리 이들 기관간의 홍보 협력체계는 매우 느슨하거나 미구축되어 있는 것으로 보인다. 따라서 이들 관련 조직과의 홍보 네트워킹을 통한 홍보업무의 효율화가 절실히 필요하다.

홍보사업을 다양하게 추진하는 것도 사업의 효과를 높이는 방법 중의 하나이다. 일반적으로 해외홍보사업은 외국으로 직접 나가는 것이었으나, 홍보효과는 물론 경비 절감을 위해 국내 개최 각종 국제대회를 활용, 홍보하는 방안도 검토가 필요하다. 음식행사와 관련이 없는 것으로 보이는 국제스포츠경기대회, 각종 국제컨벤션행사 등 큰 행사의 경우에도 우리음식을 홍보할 수 있는 기회를 찾을 수 있다.

4. 외식창업

4-1. 외식업 창업자에게 필요한 자세

1) 부업이 아닌 전업의 개념과 각오가 필요
2) 철저한 장인정신과 프로의식 필요
3) 불필요한 자존심을 버려야 한다.
4) 편하게 성공할 수는 없다. 일정한 고생을 각오해야 한다.
5) 설사 자금이 있어도 크게 시작하는 것은 금물이다.
6) 부부가 공동으로 일해서 시너지 효과를 발휘해야 한다.
7) 지나친 기대나 환상보다는 냉정한 현실파악이 중요하다.

4-2. 소규모 식당이 성공하는 길

1) 자신 있는 단일메뉴 위주로 선택

모든 것이 전문점 시대이며, 작을수록 전문점을 택해야 한다. 모든 고객을 다 수용할 수는 없다.

2) 특별한 메뉴보다는 평범한 메뉴선택

쉽고 대중적인 메뉴를 선택해서 전문화 · 차별화해야 한다.

(도시 직장인이 가장 선호하는 음식 : 1위→된장찌개, 2위→김치찌개, 3위→된장국)

3) 자신이 직접 경영해라.

외식업에 성공하기 위해서는 부부 공히 운영시스템 전반을 확실하게 이해할 수 있어야 한다. 부부가 전업으로 참여해라.

4) 경영자가 조리공부에 대한 전문지식을 풍부하게 지니고 영업할 때 성공의 기회가 많아진다.

4-3. 준비 절차

1) 자신의 취향에 맞는 업종을 선택

외식업 창업은 전망있다고 알려진 것이 중요한 것이 아니라 무엇보다도 자신의 취향 및 소질과 접근해야 한다. 과거의 경험, 주변의 여건, 자금의 준비사항, 자신이 좋아하는 음식을 분석하는 능력이 필요하다.

2) 해당 점포에 대한 현장실습 시도

① 자신이 목표로 삼고 있는 업종의 식당을 택해 실제 취업 필요

② 취업을 통해 점포 전반의 운영에 대해 지속적인 벤치마킹 필요

③ 가능하면 주방을 택하는 것이 좋다.

④ 취업이 여의치 않을 경우, 무보수 취업을 고려해야 한다.

3) 창업자금을 준비하며 계획을 세워라.

4) 서두르지 말고 하고자 하는 식당에 대해 충분히 조사를 하라.

① 동종업종 식당 실제 방문 시식

② 각종 외식업 창업강좌 및 정보지 구독

4-4. 실패할 우려가 많은 사례

① 메뉴 가지 수 가 다양하고 많아 특성이 없는 경우

② 짧은 기간 내에 급격한 메뉴 변경을 할 경우

③ 지나치게 손익을 따지며 운영을 할 때 (2개월간 손익산출 금지)

④ 음식량이 지나치게 제한적인 경우 (손이 작은 경우)

⑤ 최선을 다하지 않을 때

⑥ 친인척 등의 동업으로 의견이 맞지 않고 분쟁을 야기시키는 경우

5. 레스토랑 경영

레스토랑의 경영전략은 무엇보다 그 나라의 문화적 특징을 잘 살려서 새로운 분위기를 살려야 하고 고객 욕구를 충족할 수 있는 매력을 가져야 한다. 그러기 위해서는 레스토랑의 분위기와 시설이 고객이 선호하도록 해야 하고, 메뉴의 전문성과 독특한 아이템으로 본 업소만의 특성이 있어야 하며, 판매 가격이 적정하여야 할 것이다. 최근에는 서양식 레스토랑도 음식은 물론 고객층도 다양하고 더욱 세분화되어가고 있는 실정이다. 즉 음식 선호도는 부유층, 특정인 또는 접대가 빈번한 고객은 고가의 시설과 분위기를 연출하고 자신만의 공간을 허용하는 업소를 찾아가고, 일반적인 샐러리맨이나 학생, 평범한 가정주부나 가족의 외식형태 등은 저렴한 대중적인 식음료 시설을 갖추고 운영하는 레스토랑 중의 한 곳을 선택하기도 한다. 그밖에도 특정 나라의 음식과 와인을 선호하는 매우 차원 높은 고객 등으로 세분화되어가고 있는 현실이다. 레스토랑 경영인은 이에 깊은 관심을 두고 철저하고 지속적인 분석을 통하여 어떤 종류의 식당을 운영할 것인가에 시장성을 조사하고 메뉴를 준비한 다음 영업을 해야 할 것이다.

5-1. 음식의 품질경영

음식의 품질이란 단순히 기술적 품질만이 아닌 기존의 태도, 감정과 함께 가치, 심미, 과학적이고 체계적인 적합성과 오감만족의 식탁을 고객에게 전할 수 있는 경영을 리드하여 고객을 식생활 문화의 한 장르로 인도해야 하기 때문에 한마디로 정의하기란 쉽지 않다. 레스토랑 경영

의 접근방법에 따른 품질을 정의해 보면 크게 4가지 방법으로 접근할 수 있다. 우선 품질에 고객 지향점을 두고 첫째, 절대적인 우수성(innate excellence)으로서의 품질/ 둘째, 가치중심(value-based)의 품질/ 셋째, 제품중심(product-based)의 품질/ 넷째, 서비스 중심(service-based)의 품질과 같이 다양한 접근에서의 품질정의가 가능하지만 궁극적으로 사용자가 원하는 제품이나 서비스를 전달하기 위해 제품중심의 품질정의와 최고의 서비스 중심의 품질정의가 동시에 욕구충족 시킬 수 있어야 한다. 또한 더 나아가 고객을 우선으로 배려하는 고객입장의 가치 중심 접근도 고려되어야 한다.

이러한 품질이론은 Juran과 Deming 이후 많은 연구가 이루어졌으나, 서양요리의 품질과 관련한 연구의 대부분은 비교적 최근에 이루어져 왔다. 식품 품질과 관련한 최근의 연구들을 살펴보면, 식품공업의 품질관리에 있어서 품질의 측정도구인 규제적 요소(양, 영양 및 위생)와 비규제적 요소(관능, 맛)를 식품의 품질 측정도구로서 비교하여 우월성을 주장하면서 관능적 요소의 품질을 측정하는 측정도구인 관능 검사법(organoleptic test)과 기계적 측정법(instrumental test)의 타당성과 신뢰성에 대해 문제제기가 있었음을 지적하면서 기계적 측정법이 신뢰성과 타당성이 더욱 높으며 음식 분야에서 보다 적합한 품질 측정방법에 연구의 초점을 두었다. 따라서 음식을 판매하기 위한 품질을 검토하는 배경은 요리의 품질평가와 고객가치, 고객만족 나아가 요리와 고객 충성도간의 상호 교차 관련성과 인지된 사실에 대한 기호성을 규명하여 고객이 선호할 수 있는 메뉴를 만드는 작업이 동반되어야 한다. 이러한 음식의 품질개념의 세 가지 구성차원 즉, 요리의 양, 영양 및 위생, 관능적 맛과 기호적 요소의 품질을 동시에 측정하여야 레스토랑 음식의 품질경영성과와 효율을 높일 수 있다.

5-2. 레스토랑의 창업관리

1) 독창성을 제공하는 레스토랑

요즘처럼 과잉경쟁과 양극화 현상이 뚜렷하게 나타나는 상황에서 음식점 창업을 하려면 〈나 만이 할 수 있는 아주 특별함〉이 있어야 한다. 또는 음식점을 운영 중인 경영자라면 당신이 주변에 있는 어떤 상황들을 조합해서 특별함을 만들 수 있어야 한다.

국내 여러 개의 레스토랑에서 성공한 사례를 알아보면 그 레스토랑은 반드시라고 해도 좋을 만큼 그 레스토랑의 음식이나 시설, 분위기, 특별한 서비스에 대한 노하우를 갖고 있다. 우리나라처럼 음식 상권이 발달해 있거나 음식점이 많은 나라에서는 입지가 좋지 않으면 그 점포만의 개성이 뚜렷해야 한다. 업장의 내장과 접객서비스는 물론 간판의 디자인과 상호명, 그 상호를 나타내는 로그와 심벌마크, 출입구와 매장의 실내 디자인, 식감을 높여주는 음식사진과 메뉴판, 음식을 담는 방법과 테이블 디스플레이, 음식의 색채감 하나하나에도 고객이 평소에 맛볼 수 없는 "나 만이 할 수 있는 아주 특별함"이 있어야 고객들로부터 재방문의 선택 기회가 주어질 것이다.

2) 레스토랑의 인적 관리

레스토랑을 운영하는 경영자들 중에는 직원을 관리하는 방법 중에 간간히 직원을 아랫사람이나 일을 부려도 좋다고 생각하고 동반자 관계를 잊어버리는 경우가 있다. 경영자 대부분은 고객관리가 음식점에서 매우 중요하다는 것을 잘 알고 있다. 그럼에도 불구하고 인건비 절약을 내세워 고객을 가장 많이 접하는 홀 서비스 업무를 임금이 싼 아르바이트 종업원으로 대체하고 있는 경우가 많다.

일반적으로 많은 고객들에게 칭찬 받는 레스토랑은 종업원의 접객능력이 매우 훌륭하다고 인식하고 있고 그렇게 진행되기 위해 지속적으로 교육을 하고 있다. 우수한 직원을 채용하고, 교육하고, 서비스하는 것도 경영주의 역할이다. 음식점 경영주는 음식점의 간판이 되는 서비스 정신이 투철한 직원을 교육하고 투자 하는데 무엇보다 정열을 쏟아야 하고 뚜렷한 자신만의 고집과 철학이 있어야 한다. 경영주는 직원을 배려하고 처지를 파악하여 애로사항을 들어주는 경영의 맞춤식 관리가 되었을 때, 직원들의 마음관리도 훨씬 가벼워지며 밝은 표정으로 미소가 아름다운 미소를 띠게 되어 있다. 접객이나 대응도 능숙하게 할 수 있는 직원이 한 사람만 있다면 매장은 활기가 넘치고 매출에 큰 공헌을 할 거라고 생각된다. 진정한 마음에서 우러나는 서비스를 통해 재방문 고객도 늘어나고 고객만족도가 높아질 것이다. 반대로 매장을 찾을 때마다 서비스직원이 자주 바뀌는 매장은 고정고객을 잡지 못하고 일반 고객도 발길을 돌리게 되는 요소가 될 수 있다.

결국 레스토랑 영업에 있어서 가장 중요한 것은 훌륭한 직원이다. 외식사업의 우수한 인재를 자신의 업소에 같이 근무하기 위해선 경영주가 경영주와 직원상호간 마음과 신뢰를 주고받을 수 있는 노력을 아끼지 않아야 하고, 채용 후 지속적인 노력이 필요하며, 그들이 무엇을 필요로 하고 있는지 관심을 갖는 배려하는 환경과 근무여건을 만들어 주어야 한다.

3) 외식서비스 업체 인력 채용과 관리 포인트

경영주는 업무를 꿰뚫고 있어야 하며 직원을 채용할 때 다음과 같은 요령이 필요하다.

① 면접에서 매장의 고객층이나 경영자의 생각을 명확하게 알려주어야 한다.

② 근무조건 등을 간결하게 전달하도록 한다.

③ 취업동기를 파악하여 단기목적인 사람은 채용하지 않도록 한다.

④ 신분확인과 서류를 정확하게 받고 관리한다.

⑤ 인력을 충분히 확보하여 유사시 대비한다.

⑥ 취업한 직원을 이용한 인력을 확보한다

4) 서비스업 직원의 성공적 관리요령

① 아무리 좋은 직원이라도 꾸준히 교육을 하도록 한다.

② 안전사고에 철저히 준비한다.

③ 직원 상호간에 갈등이 생기지 않도록 한다.

④ 직원개인의 사정의 파악하고 배려하도록 한다.

⑤ 동종 업계의 수준을 상회하는 대우를 한다.

⑥ 항상 직원과 함께하는 마음가짐을 해야 한다

그리고 채용의 가부를 판단할 때 특히 주의할 점은 외모나 겉모습으로 판단하지 않고 일에 대한 자세나 의욕이 있는가를 심사숙고해야 한다.

처음 대면에서 여러 측면으로 만족할 수 있는 경우는 좀처럼 찾기 힘들지만 접객법이나 직원이 고객과 응대하는 대화법, 업무 내용 등은 채용 후 실무 교육을 통해 가르쳐 나가면 되는 사항이므로 우선 성실하고 노력을 하는 타입인지 아닌지가 채용 판단의 포인트가 되어야 할 것이다. 또 어떤 업무라도 잔일이라 생각하지 않고 책임감을 가지고 임해야 한다는 경영자의 생각을 확실히 표현하는 것이 중요하고 경영자의 지혜로움은 응모자가 어떤 반응을 할지 그 표정, 태도, 의무 등을 체크해야 할 필요가 있다.

5) 종업원을 내 사람으로 만드는 점포 경영

종업원의 인센티브제는 가장 강력한 마케팅 수단의 하나이다. 회사에서의 꽃은 일선에서 뛰는 영업 사원이라고 한다. 마찬가지로 외식업점포의 핵심은 고객과 직접 대면하는 종업원이라고 생각해야 옳을 것이다. 그러나 실제 레스토랑의 종업원에 대한 처우는 영업사원을 높이 평가하기 시작하는 기업 조직과는 아직 많은 차이가 많다. 특히 외식업에서는 종업원 그 자체로서 대우하는 업체가 우리의 현주소이다.

외식업을 경영하는 경영주나 점주들의 표현은 다음과 같다.

① 쓸 만한 직원이 별로 없다

② 일 좀 배울 만하면 옮겨버리거나 나간다.

③ 조금만 힘들면 표현을 하기 때문에 눈치를 봐야 한다.

이는 바로 경직된 사고가 가져다 준 결과이거나 경영주와 종업원의 관계가 수직적 관계를 가진 사고방식의 결과이다. 외식업체의 높은 매출을 염두에 둔다면 내부 마케팅의 일환인 종업원의 고객 응대가 내점고객을 확보하고 지속적으로 단골 고객을 확보한다는 것을 잊지 말아야 한다. 추가 매출을 올리는 것을 주목적으로 삼지 않더라도 '종업원은 내 점포의 동반자이자 가

족' 이라는 경영 마인드를 갖추어야 상호보완적으로 성공하는 외식업체가 될 수 있다.

6) 성공하는 메뉴 만들기

경영주는 자신의 외식업체를 창업하여 업체의 경영과 인사, 재료관리, 인건비, 관리비 등의 원가와 고객관리를 자신의 점포에서 능력을 100% 발휘 할 수 없다면 주변의 동일업종과 경쟁을 하여 결코 살아남을 수 없다. 레스토랑의 경우도 마찬가지로 그것을 위해 경영자는 사업경영에 관한 명확한 정책과 철학을 가지고 있어야 외식업 레스토랑 창업의 첫 번째 조건이 된다. 그것을 구체적으로 표현할 수 있는 것은 자신의 업체에서 판매하고 있는 상품이나 메뉴이다.

경영주가 좋은 경영이념을 가지고 있다고 해서 고객이 그것을 이해하고 점포를 방문하고 물건을 팔아주는 것은 아니다. 고객은 자신이 필요한 제품, 하나하나의 소재와 품질, 디자인, 적정가격, 맛, 분위기 등 여러 가지 면에서 상품을 판단하고 자신에게 필요한 상품을 구매하게 된다. 즉 고객은 경영자나 점주의 이념과 목적이 필요한 것이 아니라 업체에서 판매하고 있는 상품을 보고 방문하고 구매한다. 점포에 방문하는 고객은 어떤 면에서 보면 판매하는 상품에 대해서 더욱 풍부한 지식과 정보를 가지고 있다. 그것은 고객 자신에게 상품의 기준을 맞추기 때문이다. 장사가 잘되고 안되고는 고객이 원하는 상품을 어떻게 구비하고 있느냐에 좌우되므로 고객에게 판매하고자 하는 레스토랑의 메시지가 전달되게 하여야 하고 매력 있는 상품으로 구성해야 한다.

주력메뉴 작성 5가지의 중요 포인트를 살펴보면 다음과 같다.

① 자신의 점포 메시지를 담고 있는 메뉴
② 고객에게 자신 있게 추천할 수 있는 메뉴
③ 메뉴에 관한 지식과 정보가 풍부하고 고객이 선택하기 쉽게 설명할 수 있는 메뉴
④ 시대의 변화에 따라 고객의 흥미를 자극시킬 수 있는 메뉴
⑤ 자신만 갖고 있는 경쟁력 있는 메뉴 등과 이외에도 고객이 재방문을 유도할 수 있는 상품이나 서양 요리 레스토랑에서 자신의 점포에서 주력상품을 개발할 때 주변의 상권이나 주

고객층을 파악하여 고객의 기호에 맞추어 메뉴나 가격을 결정해야 한다.

7) 레스토랑의 홍보

레스토랑을 선전하는 것은 두 가지로 나누어진다. 개점 · 개업을 하기 전에 알리는 것과 오픈 이후에 알리는 방법이다. 독일에는 〈선전을 하지 않은 것은 자살행위〉이라는 말이 있다고 한다. 음식점의 홍보 광고에는 기본적으로 지켜야 할 원칙이 몇 가지가 있다. 계속성, 장기성, 그리고 전면에 내세우는 토털 이미지라고 하는 것이다. 특히 잊기 쉬운 것이 토털 이미지이다. 고객이 무엇을 요구하고 있는가를 생각하면서 음식점의 정보를 확실하게 전달하고 호감을 가질 수 있는 광고와 선전으로 포장하고 홍보하는 것이 중요하다.

chapter 2

점포입지 시 유리한 조건

1. 점포 선택의 판단 기준

1) 주간 및 야간의 적정한 비율의 매출 발생 가능 지역

야간 매출이 큰 비중을 차지하지만 주간에도 주부고객 유치 등을 통해 비율을 맞출 필요가 있음. (주야간 7:3이 적정)

2) 평일 및 공휴일의 균등한 매출발생 지역

도심지역이 공휴일의 매출이 저조한 반면(5.5일), 변두리 지역에서는 영업가능 일수가 7~8.5일까지 될 수도 있으므로 변두리 지역에 대한 집중조사 필요. (토요일은 평일의 1.5배, 필요일은 2배의 매출 가능)

3) 고정고객과 이동고객의 흡수가 가능한 지역

4) 1, 2차 유흥업소 밀집지역 유리

5) 출근 길목과 퇴근 길목의 차이가 명백하므로 실제 내점고객이 발생할 수 있는 장소를 선택

6) 버스에서 보이는 대로변 1층, 건널목에서 신호가 걸리는 지역

2. 점포 운영시 참고사항

1) 손익 관련사항

(1) 통상적인 외식업의 손익 분포

총매출		100%
Prime Cost	원재료	35%
	인건비	30%
임차료		8%
일반관리비		5%
세전이익		22%

2) 수익 감소시대의 대책

적정원가를 위협하는 요인

① 식자재 상승

② 서비스 비용 증가

③ 신용카드 사용 확대

④ 종사원 복지비용 증가

⑤ 저성장 시대 지속

⑥ 사회의 투명경영 요구

3) 변화되는 주위 환경의 여건

현재의 식자재 Cost는 50~55%로 상승하고 있으며 세전 이익은 12~17%로 낮아지고 있다.

(3) 적정 임대료: 총매출의 7~8%가 적당

ex) 1일 100만원 매출의 점포는 1달→3,000만원 / 임대료→210만원 적정(7%)

3. 코스트 이론

외식업체에서 원가관리는 기업의 성공과 실패를 가늠할 수 있는 중요한 관리항목이다. 그 중에서도 외식업소의 총매출 중 가장 많은 부분을 차지하는 식자재 원가를 최대한 줄여서 수익을 극대화하는 것이 외식관리자의 중요한 업무가 되고 있는 것이다.

일반적으로 외식업체에서 주요비용으로 꼽히는 것은 식자재 원가와 인건비인데 이 두 항목을 합쳐서 주원가 또는 프라임 코스트(Prime Cost)라고 부르고 있으며 통상적으로 60% 내외를 매월 유지하고 있으면 이상적인 원가관리라

볼 수 있다.

외식업체에서 소액이라도 식자재 원가를 줄이는 것이 식당경영의 철칙이지만 무엇보다도 중요한 것은 외식업체 경영은 고객에게 제공되어야 할 가격대비 품질의 적정수준을 준수하는 것이 절대적으로 필요하다는 것이다. 그렇기 때문에 지난날 IMF와 같은 상황 하에서 원재료의 인상으로 점포의 이익이 줄어드는 일이 있더라도 고객의 몫을 축내서는 안 된다는 것이다. 또 한 식당에서의 고객들이 원하는 음식은 일단 풍부하고 먹음직스러울 정도로 푸짐한 느낌이 와야 하는데 이를 위해서는 어떠한 형태로든 식자재 원가의 비율을 높이지 않을 수 없다는 것이다.

한걸음 더 나아가 성공기업의 대표는 "먼저 고객에게 푸짐하게 퍼 주어라"라는 논리를 영업방침으로 내세우고 있다. 그렇게 해서 일단 고객을 만족시키기만 하면 별도의 광고를 하지 않아도 영업이 활성화 된다는 것을 변함없는 지론으로 내세우고 있다. 그렇게 해서 식자재 원가를 높여줄 경우에는 자동적으로 내점 고객의 확대와 재방문이 이어지고 이러한 상태가 반복되면서 전체적인 식자재원가 비율은 낮아진다는 것을 알리고 있는 것이다.

4. 실패하지 않는 외식업 창업

1) 외식산업 종사자의 기본자세

(1) 마음가짐

외식산업을 "물장사"라고 하는 사람들이 있다. 가전사업이나 자동차 산업보다는 몇 단계 내려 이 물장사라는 말이 사용된다. 왜 그렇겠는가? 일에 몰두하는 자세 그것의 격차에서 오는 것이다.

「예」 ① 튀긴 후 3~4시간이 지난 돈가스를 내 놓는다.

② 햄버거가 너무 구워지면 눌어붙은 쪽을 안 보이게 해서 접시에 담는다.

③ 지각, 무단결석이 많다.

④ 상식, 양식이 없다.

외식업계도 가전산업 자동차 산업의 감각 (철저한 품질관리)을 확실히 익혀 상품, 서비스, 점포 청결등 전반적으로 정확히 정해진 대로 실행하는 것의 중요함을 인식해 매일의 업무를 열심히 할 필요가 있다.

음식업은 손님에 대해서 언제나 맛있는 요리, 밝고 청결한 점포에서 정성스런 마음을 가지고 서비스를 제공할 수 있도록 해야 합니다.

(2) 고객의 기본적인 욕구

① 기억되기를 바라고
② 환영받고 싶어하고
③ 관심을 가져주기를 바라고
④ 중요한 사람으로 인식되기를 바라고
⑤ 편안한 마음으로 식사하기를 바라고
⑥ 존경받기를 원하고
⑦ 칭찬 받기를 원하고
⑧ 기대와 욕구가 충족되기를 바란다.

(3) 고객들이 원하는 욕구

① 웃음으로 맞이하기를
② 음식이 빨리 제공되기를
③ 즉시 좌석에 안내되기를
④ 음식이 괜찮았느냐고 물어봐 주기를

등과 같이 세심한 배려를 보여 주기를 원하고 있다.

(4) 고객들은 식당에서

① 좋은 대접을 받고 싶어하고
② 저렴하게 지불하고 싶어하고
③ 맛있는 것을 먹고 싶어하고
④ 편의 지향적인 음식을 먹고 싶어하고
⑤ 진기한 것을 먹고 싶어하고
⑥ 배고픔과 목마름을 해결하고 싶어하고

⑦ 분위기를 즐기고 싶어하고
⑧ 레스토랑을 대화의 자리로 활용하고 싶어하며
⑨ 건강식품을 먹고 싶어하고
⑩ 전통음식(향수)을 먹고 싶어하고
⑪ 빨리 먹고 싶어하고
⑫ 청결한 분위기에서 음식을 먹고 싶어한다.

5. 외식산업의 비즈니스

음식업은 피플 비즈니스라 한다. 음식업을 번성시키는 데에는 맛있는 요리를 만들고, 웃는 얼굴로 서비스를 하며, 점포를 항상 청결하게 유지함으로서 고객으로부터 "이 점포는 좋은 점포다"라고 지지 받는 것이다. 이 3가지의 행위는 그 점포에서 일하는 종업원이 당당히 처리하지 않으면 아무소용이 없다. 따라서 일하는 종업원에게 일할 의욕이 없거나 기술이 떨어지면 곧바로 점포의 레벨이 크게 떨어지게 된다. 그러므로 점내에서 일하는 한 사람의 질과 마음가짐의 문제가 제일 중요하다.

5-1. 업계의 이해

현재의 업계는 경제 불황으로 인하여 외식소비의 급격한 하락, 시장신장률의 둔화, 소비자의 양극화와 대기업의 체인점과 지방 중소업체의 경합이라는 상황 속에서 힘겨운 영업이 현실적으로 나타나고 있다. 고객들은 차갑고 냉정한 눈으로 음식점을 선택한다. 진정한 경쟁과 고객만족의 시대로 접어들고 있다.

5-2. 외식사업 성공 요소

(1) 외식산업 성공 5대 요소는 입지, 기획관리, 제품, 서비스, 분위기.

(2) 외식산업 경영 3대 요소는 제품(Quality), 접객서비스(Service), 청결(Cleanliness) : 분위기

(3) 설계의 우선순위는 ① 기능, ② 스페이스, ③ 동선, ④ 디자인, ⑤ 온도, ⑥ 칼라, ⑦ 조명, ⑧ BGM

5-3. 종업원 채용과 교육 평가 시스템 구축

(1) 정사원의 채용방법은 고용조건, 자사의 장래와 비젼, 외식전망, 응모자의 희망 : 1~2시간 할애, 대응자세 관찰, 회사의 경영이념과 영업방침 설명, 응모자의 장래의 꿈

(2) 파트 · 아르바이트의 채용방법 : 목적의식이 뚜렷할 것

(3) 평가시스템 : 상벌

6. 외식산업 전망과 마케팅 트랜드

6-1. 80~90년대의 식생활문화

80~90년대에는 우리 식탁에도 많은 변화를 가져와 식생활이 향상되고 외식빈도와 욕구충족은 물론 사람들의 외식 패턴은 먹는 것이 즐거움이고 영양보다는 맛을 중시하여 식도락가, 미식가 등의 용어가 나타나기 시작하였으며 건강식을 선호하여 채식 음식, 보양 음식, 생음식 등을 섭취하고 젊은 연령층은 식사의 간편화, 서구화를 선호하여 패스트푸드나 패밀리레스토랑 이용률이 증가하고 가족 단위의 외식산업이 폭 넓게 다변화하여 예전의 한국음식 위주에서 다양한 형태의 외식시장으로 급변하고 있다.

6-2. 경제 불황시점의 소비자 성향

지식수준의 향상으로 건강식을 선호하고 경제여건의 불균형 발전으로 양극화현상이 나타나며, 서민가족외식의 둔화와 1회 외식소비지출 금액이 축소되고 있는 실정이다. 또한 과거지향적(복고적), 코쿠닝(Cocooning)현상이 뚜렷하게 나타나고 있으므로 경영주나 매니저는 이를 파악하여 경영 포인트를 확인하고 지속적으로 연구를 해야 한다.

7. 외식산업 트랜드

7-1. 양극화의 심화

소득의 격차가 심해져 외식업계도 貧益貧 富益富 현상이 심화되고 있다. 중하위층에 절약 분위기가 확산되어, 거품이 걷혀진 실속 있는 식당이 각광받고 있다. 경기불황속에서 성장 억제와 물가 상승, 정리해고 등으로 실직자 증가, 고용 기회 감소 등으로 국민소득 성장이 제자리걸음을 하고, 대부분의 고객이 가격에 대비하여 실속 있는 맛있는 음식점을 선호하게 된다. 단순히 가격을 내리는 전략만으로는 소비자들로부터 기대에 부응하지 못한다. 즉, 서비스나 점포의 분위기보다는 실속 있는 메뉴를 선택하게 되는 것이다. 도시락 점포의 매출 증가, 셀프형 횟집, 셀프형 고기집 등이 성공하는 사례가 점차 늘고 있는 것이 단적인 예이다. 고객들은 입맛을 포기하기보다는, 체감이 덜한 서비스나 좋은 분위기를 포기하는 것이다. 셀프 비즈니스 (셀프세차장, 자동차 셀프수리점, 셀프세탁점, 셀프편의점 등)도 유망업종으로 꼽히고 있다. 또한 이와는 대조적으로 극히 일부이기는 하지만 서울 특정지역과 특급호텔을 중심으로 다국적 음식(퓨전푸드)이 작년에 이어 계속 호황을 누릴 것으로 예측된다.

7-2. 즉흥적인 외식보다 필요 외식의 증가 지속

퀵 서비스 식당이나 테이크아웃 식당, 택배전문점의 영업이 활성화될 전망이다. 이와 더불어

가공식품이나 편의식도 성장될 것으로 예측된다. 무점포사업(야채, 고기, 국, 밥 등의 배달업, 이동자전거수리업, 케이터링, 청소대행업, 항균코팅업, 녹즙배달업)이나 소형자동차, 식당사업도 계속해서 증가 추세에 있다.

(1) 아웃소싱 일반화

아웃소싱이 일반화되고 있다. 현재까지는 체인기업의 식당 대부분이 물류나 식품생산 공장을 설비하여 제품을 생산해 왔다. 그러나 생산성이 떨어지기 때문에 아웃소싱업체를 기업들이 찾을 수 밖에 없는 현실이 곧 다가올 것이다. 현재 일본은 거의가 아웃소싱업체인 벤더나 식품생산업체에 위탁하고 있다. 대기업들에서 일부 업무의 아웃소싱이 늘 듯이 일반 체인기업들도 본격적으로 아웃소싱을 전개하게 될 것이다. 소점포를 대상으로 한 각종 용역 사업들도 뜨는 분야이다. 소점포를 대상으로 식당의 로고나 캐릭터, 홍보물 등을 제작해주는 홍보대행업, 인력을 구해주는 헤드헌터 사업 등이 여기에 속한다.

(2) 여성 사회진출 증가로 맞벌이 부부의 증가

여성 사회진출 증가로 맞벌이 부부가 증가하면서 가족생활을 편리하게 해주는 다양한 서비스가 인기를 얻고 있다. 최근 도입되기 시작한 산후조리원, 청소대행업, 쇼핑 대행업, 필요시간에 장보기나 재료구입배달 사업 등이 여기에 속한다. 또한 외식업에도 냄비에 식재료를 담아 끓이기만 하는 매운탕, 해물탕 등 패키지화된 상품이 증가하고 반찬 배달 전문점 등도 부상되고 있다.

(3) 건강 지향적이고 스트레스 해소를 위한 업태

건강 지향적이고 스트레스 해소를 위한 업태가 증가하고 있다. 구조조정으로 인한 스트레스가 여러 가지로 증가하면서 이를 해소할 스트레스 해소 사업은 불황을 모른 채 성업 중이다. 영양탕전문점, 채식전문점, 대형 회 전문점, 맥반석 원적외선 체험장, 남성전용 피부관리실 등이 여기에 속한다.

(4) 전통적이고 복고적이며 신토불이 상품이 증가

옛것을 그리워하는 전통적이고 복고적인 성향을 반영하여 옛 전통과 문화를 도입·변형한 신 토종 상품이 증가되고 있다. 짜증스럽고 피곤하며 호주머니 사정이 어려울수록 과거 회상적이며 옛것을 그리워하게 되는 심리적 상황을 고려하여 향수를 달래주는 외식문화 판매가 살아나고 있다. 그러므로 과거 지향적이고 복고풍적인 메뉴가 등장하여 향토적인 메뉴가 인기를 모으고 있다. 이는 위기 상황일수록 소비자들은 가족 중심적이거나 자기 중심적, 과거 지향적 성격을 강하게 나타내므로 외식에 있어서도 복고적 경향이 나타나고 있다. 즉, 자장면, 시래기국, 감자탕, 콩비지, 해물잡탕, 된장찌개, 부대찌개 등 70~80년대 메뉴들이 등장해 새로운 인기를 모으고 있는 것이다. 전통음식이나 향토음식 등은 우리 한국의 전통문화와 어머니의 손맛을 그리워하는 음식으로 한식 메뉴에 대한 기대는 매출성장으로 나타날 것이다. 외래 문물의 무제한적인 침투 속에서 우리 고유의 것을 강조하는 사업이 성장을 계속하고 있다. 광개토왕, 단군의 자손, 궁상각지우, 곤장석대, 고구려, 통 연탄구이 등 신세대 대상 업종들이 민족성을 강조하는 브랜드를 경쟁적으로 도입하고 있다. 민족적 이미지의 순 우리말로 애국심에 호소하는 민족브랜드가 신세대 마케팅으로 통할 것 같지 않지만, 현실적으로 잘 먹혀들고 있다. 특히 먹거리는 우리 것이 최고라는 인식이 전반적으로 지배하고 있는 것이다.

(6) 전문화와 복합화

전문성을 추구하면서도 서로 보완적인 제품을 동시에 취급하는 커피+스파게티, 커피+제과, 녹차+도자기류 등 복합점 같은 것들이 고객의 다양한 욕구를 충족시키고 있다. 숍인숍 형태의 칼국수와 떡볶이, 선물가게와 포장센터, 제과점과 아이스크림점포, 패밀리레스토랑의 캐릭터 상품코너 등도 여기에 속한다.

(7) 새로운 업종이 다양하게 등장

새로운 업종이 다양하게 등장하게 된다. 번화가나 지하철역 주변에서는 서서 먹는 식당이나 주점이 생기고, 어린이를 대상으로 하는 파티전문식당이나 시너지효과를 노린 복합 점포나 숍인숍(점포안의 특별코너)의 점포, 다기류 판매점에서 녹차와 커피를 판매하고 햄버거 점포는 편의점(CVS)과 동승하고, 전자제품판매 대리점에서 야채나 과일을 동시에 판매하는 업종이 등장하기도 한다.

(8) 다양한 음식을 한곳에서 맛볼 수 있는 업태

다양한 음식을 한곳에서 맛볼 수 있는 업태가 성장한다. 푸드코트나 푸드센터, 푸드타워 등이 활성화되고 단일 식당에도 메뉴가 다양해지고 고품질 서비스와 전문화 식당이 증가할 것이다.

8. 소비자 트렌드

식사하면서 영화를 볼 수 있는 멀티극장, 저녁에 문을 열어 서서먹는 이색 갈비집, 그림도 감상하고 커피도 마실 수 있는 전시장 같은 카페, 피부관리를 하면서 차나 간단한 식사를 할 수 있는 카페, 녹색으로 치장한 식물원 같은 녹색카페, 시골집을 그대로 옮겨 놓은 듯한 이색 전원카페, 외국에 온 듯한 착각을 느끼는 외국분위기의 식당, 한 곳에서 여러 가지 음식을 맛 볼 수 있는 푸드코트, 지금까지 접할 수 없었던 이국취향의 요리, 향을 즐길 수 있는 식당, 건강과 웰빙을 주제로 한 허브전문식당, 아침 점심 저녁 3끼의 전통적인 식사패턴의 통념을 파괴한 24시간 운영하는 레스토랑, 바쁜 도시민들의 편의를 위해 팩스나 전화로 음식을 주분 받아 퇴근길에 기다림 없이 포장된 음식을 제공하는 무점포 음식점, 인터넷을 이용하여 주문하면 시간에 구애

받지 않고 원하는 시간에 원하는 장소에 까지 음식을 배달하는 다양한 형태의 무점포 택배서비스 음식점, 맞춤식이나 주문식으로 고객이 원하는 메뉴나 취향에 맞게 만들어 놓으면 고객은 기다림 없이 즐길 수 있는 식당, 다이어트를 하는 고객이나 환자들에게 의사의 처방에 따라 하루 3끼를 배달하는 전문 레스토랑, 가족과의 단란한 모임에 음식을 제공하는 다양한 수준의 출장요리, 트럭이나 봉고를 주방으로 개조하여 유동 고객이 많은 지역이나 아파트 단지 이곳저곳에 상주시켜 고객이 주문하면 호출 시스템으로 신속하게 응하는 음식 택배나 즉석 음식점포 등과 같은 수많은 새로운 개념의 상품과 서비스가 레스토랑 비즈니즈에 도입되고 있다.

이와 같이 고객의 수요와 공급 균형에 맞는 욕구충족을 위한 시장의 동향과 소비자의 기호가 매우 빠른 속도로 변화하고 있다. 이제는 소비자의 욕구에 둔감하면 직종에 관계없이 쇠퇴의 길을 걸을 수 밖에 없다고 하는 상황인식이 널리 퍼져 있다. 변화를 아는 것은 곧 사람들의 라이프스타일을 아는 것이며 미래의 움직임까지도 미리 감지할 수 있는 예지력을 키우는 것이다. 전 업종에 걸쳐서 소비자의 욕구(needs)를 파악할 필요성이 그만큼 커지고 있다는 것을 암시하는 것이다. 외식산업의 이해〈나정기 저〉에서 제시된 소비자의 성향은 오늘날 외식산업이 추구해야 할 방향을 잘 제시하고 있다.

(1) 삭감가치(削減價値)

삭감가치란 상품에서 불필요한 부분을 제거하고 기본기능을 강화한다는 중요한 요소를 말한다.

첫째 가격인하를 통한 가격경쟁력의 강화, 둘째 콤팩트한 이미지를 통한 고객만족도의 향상을 추구하는 것이다. 오늘날 외식업계의 관심은 고객의 다양한 욕구에 부응하여 판매음식의 기본가치보다는 부가적인 기능 개발에 힘을 쏟았다. 다기능 상품을 경쟁적으로 시장에 선보였고 어려운 전문용어를 사용하면서 자신이 개발한 아이디어 제품의 우수성을 강조하거나 설명하였다. 자연히 사용설명서의 두께도 갈수록 두꺼워져 별도로 취급방법을 배우지 않으면 대부분의 기능을 사용할 수 없게 되었다. 나아가 다기능변화에 따른 추가비용 부담을 소비자에게 전가하였다. 그러나 경기침체에 따른 불황의 여파로 소비 심리가 크게 위축되면서 이러한 상품 전략은 큰 호응을 얻지 못하고 있다. 복잡하고 사용하기 어려운 상품보다는 튼튼하고 조작이 간편한 상품이 인기를 끌고 있다. 소비자는 본질적인 기능 이외에 불필요한 기능과 요소를 제거하고 심플한 본질가치를 선호하기 때문이다.

(2) 가격지향

호황기에는 고액 다기능상품을 서슴치 않고 구매하던 소비자도 불황이 닥치면 가격이 저렴하고 필요한 기능만을 갖춘 상품을 선호하는 심리를 갖게 된다. 점포접근이나 애프터서비스, 친밀도나 가격, 품질 등도 상당한 영향을 미친다. 그러나 경기가 침체되고 실업률이 증가하는 상황에선 역시 가격이 가장 중요한 선택기준으로 여겨지게 마련이다.

소비자의 가격지향에 부합하여 대성공을 거두고 있는 대표적인 사례는 신유통업체의 부상에서 찾아볼 수 있다. 지난해부터 가격파괴와 박리다매를 앞세운 신유통업체의 등장으로 백화점과 재래시장, 영세 유통업체는 큰 타격을 받고 있다. 할인점이 낮은 가격을 유지할 수 있는 것은 자체의 높은 바게닝 파워(bargaining power)를 통해 제조업체로부터 싼가격으로 납품을 받고 7~10%의 낮은 마진율을 목표로 하기 때문이다. 종업원 1인당 매출액이 백화점의 두 배에 달하지만 매출이익률은 절반 밖에 안 된다. 할인점은 향후 2~3년 안에 40개의 점포가 추가로 개점할 예정으로 있어 앞으로 전체 소매시장의 점유율을 더욱 높아질 것이 확실하다. 외식업과 인터넷 통신서비스 분야, 횟집, 갈비집, 해외여행 등 많은 분야에서 가격파괴 현상이 일반화되고 있다.

불황에서는 확실히 가격이 핵심적이 컨셉인 것만은 분명하다. 소비자가 저가격을 지향한다고 해서 다른 여러 가지 요소를 무시한채 저가격 경쟁은 올바른 경영의 노하우라고 할 수는 없다. 현격한 품질의 차이를 무시하고 단지 가격이 싸다고 무조건 선택하는 것은 아니기 때문이다.

(3) 풍족(豊足)

소비자의 구매행동을 보면 비슷한 가격이라면 좀 더 크고, 많고, 두툼해 보이는 것을 선호한

다는 사실을 알 수 있다. 이러한 현상은 단순히 계산적이고 실리적인 요인 때문만이 아니다. 불황의 여파로 갈수록 각박해지고 위축되는 사회분위기에 대한 반발심리가 작용한 결과로 볼 수도 있다.

어려운 경제여건의 현실을 피할 수 없지만 고객은 저가격에 많은 량을 섭취하고 포만감에서 오는 만족감과 여유로움을 향유하고 싶어하는 것이다.

패스트푸드업체인 맥도널드는 단돈 천원으로도 푸짐하게 한 끼를 해결할 수 있다는 광고로 소비자의 눈길을 끌었다. 천원의 가치가 땅에 떨어진 오늘날 이 같은 제품광고가 소비자에게 큰 호응을 받고 있는 이유는 "싸고 푸짐하게"를 갈망하는 소비자의 욕구를 정확하게 충족시켜주기 때문이다. 이러한 흐름은 일본에서 거품경제가 사라지고 불황이 불어 닥쳤을 때의 상황과 매우 유사하다. 예를 들어 1인당 일정액을 내면 정해진 시간동안 여러 종류의 회나 고기 바비큐가 무한정 제공되는 뷔페 레스토랑에 다시 많은 사람들이 몰려들고 있다. 오피스타운에서는 회 · 닭튀김 · 중국음식 · 라면 등 대중적인 음식을 싼 가격에 푸짐하게 먹을 수 있는 포장마차촌이 생겨 주머니 사정이 여의치 않은 샐러리맨과 젊은이들 대화의 장소가 되고 있다.

간단하게 식사하고 즐길 수 있는 우동과 라면으로 튀김과 어묵 두 가지 맛을 넉넉하게 즐길 수 있는 에스콕의 「덴뿌라키쓰네 우동」, 기존의 라면보다 양이 많은 「SPA王 라면」 등은 그 해를 빛낸 히트상품으로 선정되기도 했다.

이와 같이 풍족감을 지향하는 생활은 과시욕에 사로잡힌 무절제한 소비와는 다른 것이다. 지난해 국내소비 시장에서는 경제적으로 여유로움이 있는 사람들은 가격에 구애받지 않는 과시 소비와 그에 따른 모방소비로 인해 유명 브랜드를 지향하거나 고가 사치품을 구매하는 사람들이 증가하였다. 하지만 현재의 풍족감을 지향하는 소비자 트랜드는 어디까지나 알뜰함과 저렴한 가격을 전제로 한다는 점에서 그와는 구별된다.

(4) 욕구 플러스알파

소비자의 지적 수준이 높아지고 욕구가 다양해짐에 따라 단순히 상품의 품질만으로 승부를 내는 시대는 지나갔다. 각 외식업체의 메뉴와 상품, 그리고 가격이 비슷하기 때문에 참신한 아이디어나 부가적인 서비스가 있어야만 소비자의 관심을 끌 수 있다. 소비자는 특정 업체의 이름이 쓰여 있는 판촉물을 별로 좋아하지 않았다. 조잡하고 볼품이 없는 일회용쯤으로 여겼기 때문이다. 하지만 판촉물 자체를 소비자와 교류하는 직접적이고도 훌륭한 도구로 이용하는 참신한 마케팅이 좋은 성과를 거두고 있는 사례들이 나타나고 있다.

메뉴나 상품이 가지고 있는 본래의 기능이나 가격상의 이점 뿐 아니라 부수적으로 제공되는 여러 가지 판촉물이나 서비스가 소비자에게 크게 어필하고 있다. 새로운 것에 대한 기대감과 추가적인 할인 효과를 바라는 소비자가 늘어나는 이상 플러스알파 상품은 올해에도 좋은 마케팅이 될 것으로 보인다.

(5) 간편한 식품

사회가 복잡해지고 다양해짐에 따라 신상품이 쉴 사이 없이 쏟아져 나오고 있는데 사람들은 그로 인한 스트레스와 선택의 집중력이 떨어지고 있다.

그 동안 기업이 첨단성을 강조한 나머지 상품의 지나친 다기능화를 추구한 결과, 기능이 너무 많아서 오히려 복잡하고 조작하기 어렵다는 역효과를 낳았다. 그 결과 이제는 첨단 기능만으로는 소비자의 마음을 움직일 수 없게 되어 얼마나 쉽게 다룰 수 있느냐의 여부가 더욱 중요한 포인트가 되고 있다.

여가를 즐기기 위한 방법과 여가시간이 생기면 집에서 고생을 하며 많은 시간을 보내던 방법에서 탈피하여 젊은 층의 맞벌이 부부나 독신자로부터 간단히 식사를 해결할 수 있는 대용품이 인기를 끌고 있는 것도 같은 맥락에서 이해할 수 있다. 수프 · 죽 · 냉동밥 등 아침대용식품이 잇따라 출시되고 있다. 모회사의 음료는 옥수수 수프인 「모닝퀵」을, ○○약품은 DHA를 첨가한 「스터디밀」을 선보였고, 죽제품으로는 ○○의 「단판D」, ○○제당의 「본가 단팥죽」등이 있다. ○○제당은 전자레인지에 2분만 데우면 즉석에서 먹을 수 있는 「햇반」을, ○○은 볶음밥을, 롯데냉동은 냉동밥을 출시했다. 이와 같은 편의식 시장은 냉동식품 2천9백억원, 레토르트식품 7백억원, 건조식품 2백억원대로 연간 10~15%의 가파른 성장세를 보이고 있다.

일본에서도 간편한 식품에 대한 호응도는 매우 높다. 「판시롱 NOW」라는 약은 물 없이 먹을 수 있다는 점 때문에 휴대용으로 젊은 여성에게 인기가 많고, 「소노마마 토스트」는 마아가린이 미리 발라져 있어 굽기만 하면 되는 간편함으로 젊은 독신층이 많이 애용한다. 희석식 양주인 「미즈와리」도 별도의 얼음으로 희석시키는 수고를 덜어주기 위해 고안된 상품이다.

미래의 신제품은 고객이 좀 더 쉽게 사용할 수 있도록 하는 데 개발의 초점을 맞추어야 할 것이다. 아무리 좋은 기능을 지닌 첨단제품이라 하더라도 소비자의 입장에서 편리성을 고려하지 않은 상품은 살아남기 힘들다. 언제 어디서나 누구나 손쉽게 사용할 수 있는 간편한 기능을 가진 상품이 성공요소로 중요하게 작용될 것이다.

(6) 틈새시장의 성장

기존 시장에서 관심을 기울이지 않았던 분야를 개척해서 소비자의 다양한 욕구를 채워주는 틈새시장이 꾸준히 성장하고 있다. 틈새수요를 겨냥한 '전문매장 전략' 이 일반화되고 있다.

중소기업의 제품들도 고객의 호응을 받고 있는 제품의 성공요인은 먼저 대기업의 손길이 뻗치지 않는 틈새시장을 개척하였다는 점과 건강에 대한 관심이 많고 기존 제품으로부터 이탈하는 경향을 보이는 30대 도시 생활자를 주 목표고객으로 설정하였다는 점에 있다. 또 샐러리맨과 학생을 대상으로 한 외식업계의 '조식시장' 도 빠르게 성장하고 있다. 지금까지 불특정 다수에게만 관심을 기울였다는 이제는 특정 소수에게로 타겟을 선회하는 것이 새로운 비즈니스 기회를 찾을 수 있는 기회이다. 특정 소수를 겨냥한 틈새시장의 창출이 새로운 이슈화 되고 있다.

(7) 아름다움(食美)

사람의 욕구를 통하여 '아름다움이란 가꾸어질 수 있다' 라는 생각이 신세대와 여성들 사이에서 확산되고 있다. 아름다움을 위해서라면 돈, 시간 등을 기꺼이 투자할 수 있다고 생각하는 경향이 높아지고 있다. 동시에 이를 활용한 아름다움과 정신적 아름다운 욕구의 맛 가꾸기 사업도 성업 중이다.

요즘 젊은 여성의 최대 관심사 중의 하나가 다이어트인 점에 착안하여 개발된 「ㅇㅇ다이어트」가 인기다. 다이어트 제품의 특징은 비만으로 고민하는 소비자가 쉽게 식이요법을 할 수 있도록 하고, 실제 동참할 수 있는 실천의 범위 안에 있는 것이 성공할 수 있는 비결이다. 고객이 원하는 상품을 제품개념 속에 아름다움을 가꿀 수 있는 식이요법 프로그램을 제시한 점이 돋보인다. 여성이 즐겨 먹는 것 가운데 하나인 비스킷에서도 갈수록 거세지는 다이어트 바람을 활용한 상품이 나와 눈길을 끌었다. 또한 열량을 조절하는 식품이 출시되었고, 「아이비」는 무설탕 비스킷으로 발매된 지 6개월 만에 월매출 15억 원을 상회할 정도로 좋은 반응을 얻었다. 「아이비」가 특히 신세대 여성으로부터 호응을 얻은 이유는 맛과 다이어트라는 젊은 층의 욕구를 상충되는 개념으로 거꾸로 조화시키는 데 성공했다는 점에서 찾을 수 있다.

(8) 마니아주의가 주목

최근까지의 마케팅 개념은 '소비계층의 폭이 넓을수록 성공확률이 높다' 라는 것이었으나 요즘은 오히려 목표 소비계층을 세부화한 디테일 마케팅이 확산되고 있는데 소수 계층 · 연령대별로 세분화된 업태나 상품이 눈에 띄게 늘어나고 있다. 이러한 경향을 가장 잘 대변해 주고 있는 것이 마니아(mania)시장이다. 마니아는 특정 분야에 광적인 열광을 보이는 사람을 말하며, 최근 마니아가 주목받는 이유는 이들이 새로운 트렌드를 개척, 창조하고 신문화를 전파하는 데 폭발적인 힘을 발휘한다는 점 때문이다.

소수일지라도 새로운 발상마케팅 측면에서 마니아를 겨냥한 전략 대안으로 '상품 응모 전략' 이 자주 사용되고 있다. 그 결과 고객응모에 빠지지 않고 참가하는 신종상품응모 마니아도 생겨나고 있다. 원하는 물건을 상품으로 받을 수 있다는 기대심리도 있지만 그보다는 참여를 통하여 재미있게 즐기는 의식 때문으로 보인다. 따라서 미래는 마니아를 키워내고 그들에게서 대중에게로 자연스럽게 전파해 가는 신종 마니아마케팅 전략으로 상품을 개발할 필요가 있다.

chapter 3

창업 마케팅

마케팅이란 소비자지향을 기초로 하여 상품 혹은 조직의 포지셔닝을 전개하기 위한 경영관리활동이다.

소비자지향 마케팅을 구현하려면 다음과 같이 중요한 4P 요소를 효율적으로 구성해야 한다. 제품전략 (product), 촉진전략 (promotion), 입지전략 (place), 가격전략 (price)로 나누어 전략을 세워야 한다. 쉽게 말하자면 어떤 상품을 만들거나 판매할 것인지, 어디에 어떤 광고를 게재할 것인지, 점포 앞에서는 어떤 간판을 세우며 전단지를 어떻게 돌릴 것인지 등의 촉진방법을 검토하고, 영업장소는 상품을 판매하기 쉬운 장소를 물색하기도 하며, 지역에 알맞은 가격전략을 세우는 것 등의 제반 활동들을 소비지 지향마케팅활동이라고 한다.

외식업체에서 주로 사용하는 마케팅 기법은 세일즈 프로모션이다. 이것은 상품 · 가격 이외의 수단으로 매출을 증가시키려는 방법으로 주로 마일리지, 방문횟수에 따른 사은품, 경품, 할인쿠폰 증정, 이벤트 등이 주를 이룬다. 성공적인 프로모션은 고객과 종사원의 인지가 쉽고 서로의 이익을 창출하는 것으로 업체의 특성에 맞게 전략적으로 기획되어야 효과를 기대할 수 있다.

1. 틈새시장이나 새로운 개념을 기획

현재 눈에 띄지 않지만 비어있는 공간이 있고 상호경쟁력을 통한 사이시장을 찾아 집중 공략할 수 있는 틈새를 규명해 전략을 모색해야 한다. 이러한 영역을 발견하려면 기존의 고객에 관한 분석을 해야 한다. 지역에 따른 이용고객의 계층이나 수준과 수준의 변화에 따른 흐름을 고객의 입장에서 명확히 파악하여 고객만족을 최대한 충족시킬 수 있어야 한다. 새로운 영업 전략이라고 하면서 친절한 서비스만을 강조하는 것은 구태의연한 경영전략으로 지난 유형의 사고방식으로는 성공할 수 없다. 고객이 요구하는 것을 가슴으로 던질 수 있는 외식업체 경영방침이나 경영에 관한 사업 내용을 사실적으로 충분히 공개함으로써 주변의 사람들로 하여금 사업을 지원, 협조해 나가는 공조 체제가 되도록 해야 한다. 외식업체 경영주는 취급하는 메뉴를 "있는 것을 판다" 보다 "고객이 원하는 것을 판매 한다"로 사고를 전환해야 하며, 항상 고객의 입장에서 원하는 메뉴를 갖추도록 최선을 다하기 위해 눈과 귀를 열어 놓는 자세가 필요하다.

2. 연계 마케팅

타이 인 프로모션으로도 불리는 연계 마케팅은 저렴한 비용으로 실리를 추구할 수 있는 판촉 전략의 하나이다. 타이 인 프로모션은 경쟁자가 아닌 같은 지역 내 또는 연관사업자와 공동으로 판촉을 하는 방법으로 비용을 절감하는 동시에 시너지 효과를 발휘할 수 있어 최근 외식업체에서 가장 즐겨하는 프로모션이다.

3. 차별화 전략

외식업체는 고객이 가장 접근하기 좋은 입지, 인테리어, 청결, 접객서비스, 시설, 상품의 전문화, 간판, 유니폼 등 자신의 강점과 기존업체들의 단점을 파악해 자기점포가 가장 확실하게 인식을 심어 줄 수 있는 차별화를 구사해 경쟁력을 만들어야 한다. 차별화는 모방으로는 결코 성공할 수 없고, 점포의 개성을 살려 고객의 마음을 얻을 때에만 성공점포가 될 수 있다. 저단가로 차별화를 지향하는 것은 바람직한 방법이 아니다. 또한 모든 분야에서 차별화 시키는 것도 차별화가 아니라 평범하게 점포의 수준을 높이는 일일 것이다. 자기점포에서 가장 자신 있는 특정 분야를 동종업계에서 차별화 시켜 나가는 것이 진정한 차별화라 할 수 있다. 차별화를 구현시키는 가장 큰 목적은 경쟁업체보다 남다르게 튀어 보이는 전략으로 매출을 증대시킬 수 있는 환경을 조성하는 것이 중요하다. 자신의 외식업체가 무엇을 경쟁업체와 차별화시켜 나가야 할지를 살피고, 자기 업체의 특성을 고객에게 효과적으로 알릴 수 있는 방안을 끊임없이 연구해야 한다.

4. 신속한 차별화의 실현

고객차별화, 업계차별화는 실현이 가능할 때에만 성공한다. 아무리 좋은 아이디어나 서비스

계획을 구상했다 해도 경쟁업체보다 늦게 실현되면 무의미하고 모방에 지나지 않는다. 모든 능력을 발휘해 연구하고 분석하여 신속한 정보를 입수하여 빠른 속도로 고객마케팅 전략을 전개해야 한다. 불충분한 정보와 시장상황에 대처할 수 있는 순발력과 통제력, 유연성 있는 결단력이 필요하다. 경영주는 과감한 의사결정과 어떤 경우에도 완전히 포기하지 않는 승부근성은 필수적이라 할 수 있다. 지역간 시장동향과 라이벌 경쟁조건을 명확히 파악해 차별화를 구사한 후에는 다른 업체의 신규 참여가 있어 자신만의 경쟁력있는 업체를 만들어 자신 스스로를 지킬 수 있는 보호막을 튼튼하게 형성하는 것이 필요하다. 결국 점포 차별화는 성공점포를 만들기 위한 수단이며, 기본원칙은 고객에게 인정받을 수 있는 조건을 파악해야 하고, 경영자의 인생관이나 목표가 명확해야 하며, 점포에 관한 사명과 신조가 확립되어야 한다.

5. 새로운 개념을 기획

매출을 증대시키기 위해 차별화를 시도하는 것이라면 항상 상품이 왜 팔리는가를 연구해야 한다. 그리고 지금 잘 나가는 아이템에만 시선을 집중하지 말고 미래를 위한 새로운 상품개념을 도입하고 꾸준하게 고객을 살펴야 한다.

6. 업종별 가격 전략

고객을 위한 홍보, 광고마케팅 전략이라 하면 먼저 가격 결정부터 시작된다. 동네에서 생활필수품을 판매하는 슈퍼나 작은 식당들은 고객들이 상품의 가격 하나하나를 일일이 비교하지

않고 맛과 품질을 생각하기 때문에 정상적인 가격으로 판매하는 것이 좋다. 물건을 구입하기 전에 가격 품질 스타일 등을 꼼꼼히 따지는 컴퓨터, 가구, 중고차 등의 내구재와 중국음식점, 분식점, 계절음식점 등 경쟁이 치열한 업종은 할인전략이 먹혀드는 업종이다. 전문제품이나 기호품인 차, 커피숍, 샌드위치 팩토리나 외국의 나라별 전문음식점, 고급레스토랑 등은 경쟁이 비교적 덜하고 고품질이 요구되는 상품은 고가 전략을 수립하는 것이 좋다.

7. 홍보 전략

소규모 외식사업은 영업 범위가 좁고 자금도 부족하기 때문에 저비용 고효율의 홍보 계획을 수립해야 한다. 소자본 업종의 경우 홍보는 일반적으로 전단 배포 우편(DM) 광고 등이 많이 사용되고 있다. 창업초기에 전문도우미를 동원하는 이벤트 행사도 효과적이고 전단 광고는 신문에 끼워서 배포하는 것보다는 본인의 가족이나 자신의 업체를 이해할 수 있는 사람들이 직접 배포하는 것이 좋다. 전문품목은 사무실이나 상가에서 직접 설명하는 방법이 좋고, 점포 내에 비치하는 POP 광고물은 손님의 눈에 잘 띄는 곳에 정확하게 맞는지에 대해 잘 살펴야 한다.

업체 앞의 홍보를 위해 풍선아치나 앰프 등을 동원한 이벤트는 좁은 골목의 점포 앞보다 점포 진입로나 유동인구가 많은 인근 번화가에서 하는 것이 좋고, 지역신문이나 정보지, 지역번호부를 이용하는 것도 효율적일 수 있다. 전화이용 홍보는 수신자 부담인 080서비스 전국 단일번호 서비스인 1588, 또한 기억하기 쉬운 전화번호 확보하는 것이 필수적이다. 사업의 종류에 따라서는 인터넷을 이용한 마케팅 전략이 요구된다. 인터넷 판매나 홈페이지를 이용하는 방법으로 판매하고자 하는 메뉴나 상품에 대해 자신의 사업을 소개하는 경우에는 불특정 다수에게

저 비용으로 전국적으로 홍보를 할 수 없기 때문에 반드시 고려해 볼 전략이기도하다.

8. 소자본창업을 위한 인터넷 홍보

빠른 속도로 증가하고 있는 인터넷 시장에서 홍보경쟁력을 갖기 위해서는 신선하고 새로운 아이디어 창출로 고객을 끌어 들일 수 있어야 한다. 인터넷 홍보의 성공 핵심은 소자본점포 마케팅이나 기업마케팅과 마찬가지로 고객을 배려하는 고객우선주의에 근거한다.

창업홍보를 위한 인터넷마케팅은 네티즌을 위한 다양한 서비스제공이 핵심이 될 것이다. 자신의 홈페이지를 아무리 잘 만들었다 하더라도 찾아오는 사람이 없다면 아무 소용이 없기 때문이다. 홈페이지를 알리는 방법은 기존의 매체를 이용하여 자신의 홈페이지를 홍보하는 방법과 인터넷을 최대한 활용하는 인터넷 마케팅이 있다.

1) 네티즌에 대한 배려

네티즌들은 수시로 새로움을 추구하거나 쉽게 식상해 하는 다양한 계층으로 분산되어 있다. 꾸준하게 방문하는 네티즌이나 어쩌다가 가끔 방문하는 네티즌이 재방문했다가 이전에 방문했을 때와 내용이 전혀 바뀌지 않은 홈페이지라면 그 네티즌은 더 이상 그 사이트에는 찾아가지 않는다. 따라서 항상 내용이나 디자인을 교체하거나 업데이트할 필요가 있다.

2) 신속한 접속서비스로 접근성에 관한 배려

네티즌들의 방문자 수가 늘어나거나 그림파일이 많으면 사이트가 느려지거나 심한 경우 멈춰버리게 되는 데 전용 회선과 컴퓨터 용량을 그때그때 업데이트하여 고객의 기호에 맞게 접속속도가 떨어지지 않도록 항상 신속한 접속서비스를 제공해주도록 한다.

3) 주 상품에 대한 부가적인 서비스 정보제공

인터넷 홍보업체는 고객에게 표현할 수 있는 것이 글과 그림뿐인 것이다. 사이트에서 판매하고자 하는 주 상품이 있다면 부가적인 정보서비스가 함께 이루어져야 한다. 판매 메뉴에 선물이나 할인행사를 통하여 메뉴에 관심을 하고 주로 판매하는 메뉴에 대한 지식과 정보를 핵심으로 제공한다든가 건강 상식을 제공한다면 네티즌은 건강에 관한 정보도 제공받고 구매하고자 하는 판단을 쉽게 내리게 된다.

4)다양한 상품의 구색과 서비스 제공

한가지 물건과 서비스를 팔거나 제공한다면 웹 이용자가 구입할 가능성은 매우 적다. 반면 많은 물건을 팔고 다양한 서비스를 제공한다면 고객이 물건을 구입하거나 서비스를 이용할 가능성은 매우 높아진다. 대개 많은 상품을 팔거나 다양한 서비스를 제공하는 것이 비용면에서 많은 비용을 요구하지 않기 때문에 적은 노력으로 많은 이익을 얻을 수 있다.

5) 차별화된 상품과 서비스제공

다양한 상품과 서비스도 중요하지만 사이트 나름대로의 차별화된 제품과 서비스를 제공하는 것이 더 중요하다. 차별화를 하는데 있어서 경쟁 사이트에서 판매하지 않는 제품을 판매하거나 서비스를 제공하는 것과, 같은 상품이나 서비스일지라도 다른 사이트와는 달리 새로운 판매 방식이나 사이트 자체의 차별화를 두는 방법을 고려해 볼 수 있다.

6) 지불가치에 대한 배려

가격은 고객을 자신의 홈페이지로 유인하는 가장 중요한 요인으로 같은 가격의 제품이나 서비스를 제공하고 있는 사이트가 많다면 고객은 모든 사이트에 대하여 차별을 두지 않는다. 따라서 자신의 사이트만의 차별화된 가격 정책이 필요하다. 고객은 자신이 지불하는 화폐의 가치보다 항상 더 많은 것을 요구하고 있다는 것을 명심해야 한다.

7) 결제 수단의 편이성에 대한 배려

인터넷을 이용하는 네티즌의 대부분은 불편한 것을 좋아하지 않는 데 결제 수단에서도 마찬가지이다. 만일 고객으로 하여금 상품과 서비스에 대한 정보를 웹을 통해서 얻고 주문을 팩스, 전자 우편, 전화를 이용하게 한다면 고객은 불편함을 느낄 것이며 단순한 홈서핑 수준에 머물 것이다. 네티즌을 실제 구매 고객으로 이끌 수 있는 방법은 고객 계정을 만들거나 고객 정보 및 신용 카드 정보를 입력할 수 있는 방법을 제공하는 것이다. 단, 신용카드결제서비스를 하기 이전에 네티즌에게 신뢰감을 줄 수 있는 사이트운영이 선행되어야 할 것이다.

9. 인터넷 홍보 관리

소자본 창업자들이 점포에서 영업을 하는 것을 '현실공간의 점포' 라 한다면, 인터넷이라는 공간에서 창업하는 것을 '가상공간 점포' 라 칭할 수 있을 것이다. 21C를 맞아 우리들에게 가까이 다가온 인터넷은 생활에 많은 변화를 가져다주었다. 창업현장에서도 예외는 아니어서 같은 영업을 하면서도 자기 점포를 최대한 홍보하는가 하면, 점포가 없어도 홈페이지(가상점포)를 통해 상품을 판매하고 많은 매출을 올리는 상술이 뛰어난 창업자들을 양성하기도 한다. 자영업을 하는 경영주들도 이제는 인터넷을 누가 더 잘 활용하느냐에 따라 영업실적이 달라질 것이다. 누가 인터넷으로 홍보를 잘 하고 인터넷으로 상품을 판매하는 능력을 발휘하느냐에 따라 결과는 확연히 달라질 것이다. 장사꾼이라면 어떤 환경에 처해 있더라도 물건만 잘 팔릴 수 있다거나 신규 고객이 창출될 수 있다면 자신의 영업능력을 최대한 발휘할 수 있어야 한다. 최근 인터넷으로 상거래를 하는 경우 이 외에도 홍보사이트로써 활용해 지역의 명소로 등장하기도 하고, 프랜차이즈 본사로 활동하는 점포들도 상당수 있다는 점을 감안하면 자기 점포의 홈페이지 정도는 보유하고 있어야 하지 않을까 싶다

1) 쿠폰마케팅

치밀한 소비성향이 두드러지면서 가정주부는 물론 신세대들에게도 쿠폰활용은 기본이다. 쿠폰 배포방식도 다양화되고 있다. 일반적으로 쿠폰은 신문 · 잡지나 전문광고 또는 단독전단에 인쇄하여 우편을 이용해 발송되거나, 아니면 다른 우편물에 끼워 넣는 방법을 주로 쓰고 있다. 그러나 최근들어 할인 쿠폰을 책자로 만들어 놓은 쿠폰북과 사이버 공간에서 만날 수 있는 쿠폰 전문 사이트가 20~30대 고객층에게 인기이다.

2) 인터넷마케팅

인터넷 마케팅은 정보통신분야 뿐만 아니라 일반제조업 · 유통업 · 서비스업체들도 인터넷의 효과를 실감하면서 '광고매체'와 '마케팅'의 도구로 인기를 더해 가고 있다. 외식업체들 사이에서도 인터넷 마케팅이 급속히 확산되고 있다.

3) 보고마케팅

물건을 하나 사면 하나를 덤으로 끼워 주는 것을 '보고마케팅'이라고 한다. 무료사은품을 덧붙인 상품이 소비자들에게 인기를 끄는 것처럼 외식업소들도 '투 포 원' 또는 '하나 더' 등의 과감한 프로모션으로 고객몰이에 나서고 있다. 보고마케팅은 소비자의 구매욕구를 촉진시키면서, 동시에 저렴한 비용으로 제품홍보도 하는 일석이조의 판촉전략이라 할 수 있다.

4) 타겟마케팅

불경기 때 불특정다수를 대상으로 하는 마케팅은 더 이상 통하지 않는다. 업소의 고객층 성향을 정확히 분석하고 타겟을 명확히 한 후 시행하는 마케팅전략만이 성공을 보장할 수 있다. 불황 때는 어린이 · 부부 등 특정고객을 겨냥한 틈새상품이 효자 노릇을 하고 있다.

5) 포인트마케팅

단골고객을 확보한 후 실적에 따라 '보너스'를 주는 포인트 마케팅은 외식업소에서 활발하게 시도되고 있다. 보너스 제도는 누적된 액수에 따라 적절한 서비스를 제공하여 고정고객의 이탈을 방지할 수 있고, 사용실적이 눈으로 확인되어 재방문을 유도할 수 있다.

chapter 4

창업자 마인드

1. 가슴을 크게 열어야 성공하는 창업

창업을 성공적으로 수행하는 예비창업자는 불과 20%대에 불과하다는 것은 이미 잘 알려진 내용이다. 이정도로 외식사업의 환경이나 여건이 어렵다고 말할 수 있을 것이다. 언론매체에 보도되는 성공창업자들도 6개월이나 시간이 꽤 경과한 후 다시 방문해 보면 역시 사업은 어렵다고 말하는 사람들이 대부분인 것이 사실이다. 때로는 여러 번 언론에 보도되면서 자칫 연예인이나 유명인사가 된 듯한 착각을 일으키면서 마음의 균형을 잃고 또 다른 실패를 경험하는 창업자들도 주변에서 많이 볼 수 있다. 창업을 계획하고 있는 사람들은 우리는 창업에 임하기 전에 어떠한 마음가짐을 가져야 하며 어떻게 해야 성공적인 창업의 길로 진입할 수 있는지 살펴보기로 하자. 외식업체 창업의 성공이란 우리에게 있어서 무엇인가? 를 질문을 던지고 출발하자. 성공도 여러 가지의 형태의 성공이 있을 수 있다.

성공이란 첫째 다른 사람의 권리를 침해하지 않는 범위 내에서 내가 원하는 목표(성취)를 이루어 내는 것을 말한다. 성취하는 성공(accomplished success)이란 어떤 일을 성취하는 것은 인생에 있어서 큰 즐거움이며 삶의 가치를 향상시키기 때문이다. 즉, 사람에게 있어 모든 욕구를 성취하는 능력이라고 생각한다. 따라서 성공은 능력이라는 등식으로 존재하게 되는 것이다. 둘째 오늘보다 나은 내일과 미래를 위해 또는 더 나은 인류를 위해 자기 자신을 바쳐 실천의 현장에 뛰어 들어가는 것으로 다른 사람의 보다 나은 삶을 위하여 희생하는 것도 성공이라 할 수 있는 것이다. 첫 번째 성공은 나 자신의 성공을 위해 내가 헌신적으로 다른 사람을 위하고 보살피는 삶을 살지 않더라도 스스로를 필요로 만족시키기만 한다면 제삼자는 나를 성공한 사람이라고 말할 것이다. 두 번째, 타인을 위해 복지에 기여하는 성공은 내가 성공하려는 만큼 남을 위해 봉사하고 나의 성공을 돕고 있는 타인의 성공을 도와야 하며 이러한 가운데서 얻어지는 성공이 진정한 의미의 성공이 될 것이다. 일생동안 남의 인생을 위해 보람된 삶으로 헌신한 성공적인 인물이 슈바이쳐 같은 사람이 좋은 예가 될 듯하다. 성공적인 인생을 가장 관심 있게 말하는 그 첫 번째의 성공으로 어떠한 일을 집중하고 성취하는 능력일 것이다. 어떤 사업이나 창업분야에 경험도 없는 사람들이 많은 준비와 피나는 노력 끝에 돈도 벌고 사업가로써 자리매김을 했다면 이 사람을 성공창업자라고 부를 것이다. 이러한 일을 성취하기 위해서 먼저 해야 할 일이 성공을 향한 목표부터 정해야 하는 것이다.

창업의 성공은 사람에 따라서 목표는 조금씩 다르겠지만 외식업의 성공창업을 위해 어떤 목표를 잡는지 살펴보면, 우선 자기가 좋아하는 환경에서 좋아하는 일을 하면서 만족할 만한 능

력으로 사업할 수 있는 것을 선택하기 마련이다. 이렇게 접근해야 자신있고 재미있는 일을 신바람 나게 일할 수 있는 여건조성이 되는 것이다. 우리가 어떤 일에 전념할 수 있을 때 성공할 가능성이 높은 것이다.

자신에게 가장 만족할 수 있는 성공(satisfying success)이란 어떤 일에도 최상의 것(best)을 찾는 것이다. 사람의 욕구는 하나를 성취하면 또 하나를 갖고 싶고, 계단 하나를 올라가면 또 하나를 올라가고 싶은 것처럼 사업도 마찬가지다. 돈을 벌면 벌수록 더 많이 벌고 싶은 충동과 기대를 하게 되는 것이다. 만족하는 성공이란 하나의 일을 성취시키고 안주하지 않고 또 다른 목표를 세우고 준비하고 실천하는 것이다. 즉 "끝없는 도전정신" 이 바로 성공이라고 표현할 수 있을 것이다.

성공의 기준은 스스로 만족하는 성공이 아니라 제삼자가 성공한 사람이라고 불러줄 때 진정한 성공창업자가 되는 것임은 말할 것도 없다. 문제는 돈을 버는 일이 바로 목표인 사업이 어떻게 하면 고객이 몰려들고 장사가 잘 될 수 있는가? 하는 문제가 있는 것이다. 지금은 정보화시대이다. 모든 고객이 상품이나 점포에 관련된 정보를 너무나 잘 알고 있다. 돈을 벌려면 많이 남기던가, 많이 팔아야 하는데, 얄팍한 상술로는 통하지 않는다는데 있는 것이다.

우리나라 속담에 "장사꾼 이야기는 하나도 믿을 것이 못된다" 라는 말이 있는데, '손해보고 판다' , '남는 것이 없다' 라는 말이 전부 믿을 것이 못 된다는 것이다. 그걸 알면서도 또 이용하게 되는 것이 현실이고 보면 그 자체가 상술인 셈이다. 따라서 장사는 많은 돈을 벌려면 돈을 벌고 싶은 욕심을 철저하게 숨기고 고객을 위해 헌신하는 듯 한 인상을 강렬하게 심어 주어야 사람들이 몰려들게 되고 많이 몰려와야 많이 팔 수 있는 것이다.

사람들이 평소에 보여준 신뢰성에 따라 대부분의 사람들은 작은 일에도 열심히 잘 해주면 큰 일도 맡기게 된다. 바로 신용이 생겼다는 것이다. 음식점도 손님이 북적거리는 집에 가야 맛있는 음식을 먹을 수가 있고, 일도 바쁜 사람에게 맡기면 더 잘 되는 것이 일반적이다. 작은 일에도 최선을 다하면 더 큰 일도 맡기게 되는 것처럼 성공의 목표가 큰일이라면 큰일을 성취하기 위해서는 작은 일도 마다하지 않아야 하는 것이다.

2. 성공하기 위한 목표

일상생활 중에 뜻 하지 않게 실직을 하게 되어 창업을 준비한다거나, 취업과 창업을 갈림길에서 망설이다가 창업을 준비하게 되기도 한다. 때로는 가정에서 가사일에만 전념하다가 창업전선으로 나가기도 한다. 이때에도 분명히 창업이냐 취업이냐 먼저 1차적인 목표부터 정해야 할 것이다. 창업을 준비하다 보면 어떤 업종이 좋은지에 대해 점포창업 또는 무점포 등 여러 가지로 자신의 환경에 맞는 진로 결정을 해야 하는 경우가 있을 것이다. 이런 경우에도 그냥 막연하게 돈 잘 벌 수 있는 업종으로 기울지 말고 정확하게 개인적인 목표를 설정하고 창업에 도전해야 할 필요가 있다.

1) 장기목표

처음부터 목표에 대해 모든 부분을 정확하게 세울 수는 없어도 걱정할 필요는 없다. 목표라는 것은 처음부터 확실한 것이 아니기 때문이다. 따라서 이런 문제로 너무 고민할 필요는 없는 것이다. 그러나 목표가 없으면 그 사업은 바다에서 표류하는 배처럼 바람이 부는 대로 물결치는 대로 떠돌아다니다가 침몰하게 되는 것처럼 사업도 목표가 없다면 실패로 이어질 공산이 크다고 할 수 있는 것이다. 목표를 세우는데 있어서 장기적인 목표와 단기적인 목표를 세울 수가 있는 데 장기적인 목표는 5년 정도를 두고 성공의 결정을 내리는 것이다.

2) 단기목표

단기목표는 현재 외식업체 운영점포에 충실을 기하는 여러 가지 세분화된 목표들을 이야기하는 것이다. 예를 들면 이달의 매출목표라든가 3개월의 매출 즉 분기별 매출과 이익 그리고 6개월 상반기 목표와 1년간 매출과 영업이익 등 여러 가지 작은 목표들을 말하는 것이다. 외식업을 성공하려면 성공의 일만 생각하고 모든 시간을 최대한 활용해야 한다. 생각은 객관적인 시각 아래 올바른 방향으로 창조력을 살려야 할 것이며, 자기가 원하는 미래를 자기에게 맞는 장래를 만들어 가자면 자기의 적성과 취미를 살리는 것이 가장 유리하다.

3) 상상목표

처음 사업을 결심하고 창업을 하면 금방 번성하고 이윤이 발생하여 성공한 모습을 상상하게 되며 빠른 성장에 대한 깊은 상상과 목표를 세우는 경우가 많다. 또한 극한적 상황으로 하루 밤에도 만리장성이라도 쌓인 것 같이 느껴질 만큼 시야가 잘 안보이게 된다. 그래서 창업초기에 창업과정에서 실패하는 경우가 생기기도 한다. 실질적으로 창업을 해 보면 허망한 꿈일 수도 있다는 것을 실감하기도 한다. 그때는 안보이던 것이 창업 후에 잘 보이는 것이다. 결국 높이 올라가면 잘 보인다. 시야를 넓게 가지면 잘 보이는 것이다. 무슨 일이든지 처음 시작했을 때에는 "바로 이것이다." 라고 목표를 명확히 파악하여 결정하는 것은 어려울 것이다. 그러나 추진력으로 과감하게 밀어 붙여야 할 때는 붙여야 하는 것이다. 다만 안되는 것을 억지로 무모한 추진력으로 밀어붙여서는 곤란하다는 것을 명심해야 한다.

소자본 창업 성공목표 10계명

1. 능력보다 과다한 빚으로 창업하지 말라.
2. 외식사업 창업의 성공 기대치를 낮추라.
3. 자신이 할 줄 알고 잘 아는 업종으로 창업을 하라.
4. 충분한 준비와 분석을 거친 후에 창업하라.
5. 성공과 실패는 자신의 결정으로 판단하고 책임져야 한다.
6. 사업의 시작과 끝낼 시점을 알아야 한다.

7. 고객의 대상을 정해 놓고 창업을 시도하라.

8. 성공 가능한 아이템 선정과 자신만의 노하우를 축적하라.

9. 인간관계를 최대한으로 활용하라.

10. 가족의 화목이 우선이다.

3. 창업자의 경영방침

소자본 창업주도 경영이고 철학이다. 소점포를 창업하고 경영함에 있어서도 인생철학이나 사업목표가 뚜렷하게 있어야 한다. 목표 없는 사업은 성공 또한 기대하기 힘든 법이다. 성공을 이끌어 내는 창업자의 인생관을 살펴보면 공통점이 그들의 목표가 뚜렷하고 창업자의 인생철학이 있는 것을 굳이 예를 들지 않더라도 알 수 있을 것이다.

경영자의 3가지 마인드는 무엇을 위해 일하는가, 함께 일하는 사람에 대한 이해심, 그들을 위한 목표설정의 정립이다. 외식사업을 통해 돈을 벌기 위해 또는 살기 위해 하는 것은 목적을 달성하기 위한 수단이지 목적은 아니다. 소자본 창업점포를 경영하는 경영자에게도 외식업을 통해 사명감을 가지고 기업철학과 행복을 추구하고 사회봉사로 환원할 수 있는 인생철학이 존재해야 한다. 경영자의 목표설정이 명확해야 목표 달성의 길이 열린다. 그리고 목표를 향해 도전해 가는 정신이 중요하다. 자신이 어떻게 될지 자기점포를 어떻게 만들어 갈지 명확히 하는 것이 중요하다. 외식업의 중요 요소는 남기는 것만이 아니라 고객과 함께 더불어 살고 서로 도움을 주어야 한다는 마음가짐이 중요하다.

4. 결단력이 성공의 포인트

사회 경기 불안이나 명퇴자들이 직장을 찾기 힘들수록 창업에의 꿈을 가져보지 않은 사람은 없을 것이다. 이러한 창업의욕을 불태우기 전에 경험이 없는 예비창업자로써 창업을 준비하기에는 많은 어려움이 기다리고 있다. 이러한 어려움은 성공창업에 관한 불확실성이나 정확한 정보수집과 분석 판단능력이 부족하고 외식업에 대한 지식이 부족하기 때문에 결정을 쉽게 하지 못하고 창업의 기회를 상실하는 경우가 대부분이다. 창업의 꿈을 실현시키려면 우선 자신의 입장을 점검하여야 한다.

소자본으로 외식창업을 하겠다는 결심이 서면 적극적으로 창업을 준비해야 하며 분석하고 정보를 정확하게 수집해야 한다. 자금이 부족하면 눈높이를 낮추어서라도 창업을 시도하면 될 일이다. 그리고 강한 결단력과 추진력이 요구된다. 사람들은 사업은 아무나 하는 것이 아니라고 한다. 이런 말의 배경에는 쉽게 결단을 내리지 못한 경우나 결심은 했다 하더라도 추진력이 없어 창업을 포기하는 경우가 많아 생겨난 말일 것이다.

대부분의 예비창업자들이 벼랑 끝에 몰려 창업을 시도하는 경우가 많은 것을 보면 미래에 관한 불확실성으로 인하여 결정하기가 쉬운 일이 아닐진대 탈출구를 찾아 선급하게 결정을 내리는 경우가 있다. 그러나 성공사업가들의 공통점이 같은 상황에서도 결단력과 추진력이 뛰어나다는 점이다. 어려운 점을 극복하기 위해서는 수집된 정보의 분석과 통계를 통하여 정확하게 판단하고 투자의 가치 노력을 게을리 해서는 안 된다. 결정은 빨리 추진은 과감하게 창업을 시도해야 하는 것이 예비창업자의 선택의 필수사항일 것이다.

예비창업자들은 정보 분석을 통하여 자신의 환경을 확인하고 신변정리나 창업자금, 가정환경, 건강, 적성, 성격이나 취미, 전문성 등 여러 가지 요인들을 명확하게 점검해 두어야 하는 것이다. 또한 사업이라는 것은 완벽하게 갖추어진 상태에서 시작한다고 해서 반드시 성공할 확률이 높은 것은 아니며 사업성이 충분히 검토되었다고 해도 그대로 실현되는 경우는 극히 드물다. 시대의 변화되는 환경을 빨리 간파하고 고객이 무엇을 필요로 하며 사업에 어떤 영향을 가져올 것인지 분석하는 지혜가 요구되며 적절한 시기에 결단력으로 자신의 운명을 개척해야 한다.

5. 끝없는 도전정신

창업은 바로 어떤 상품이나 서비스를 필요로 하는 사람에게 이윤을 남겨 판매하는 행위를 말하며 이에 따른 경제적 풍요로움과 행복추구, 사회발전, 사회공헌 등으로 자신의 성취욕구를 지향하고자 나서는 일이 될 것이다.

돈을 벌고 부자가 되는 방법은 간단하다. 첫째 상품을 많이 팔면 된다. 단, 손해보고 팔지 않는 경우이다 . 둘째 많이 남기면 된다. 저렴하게 구입하여 비싸게 팔면 많이 남게 되는 것이다. 셋째 들어오는 돈보다 적게 쓰면 돈은 분명히 모이기 마련이다. 이렇게 이론적으로는 부자가 되는 것은 분명하다.

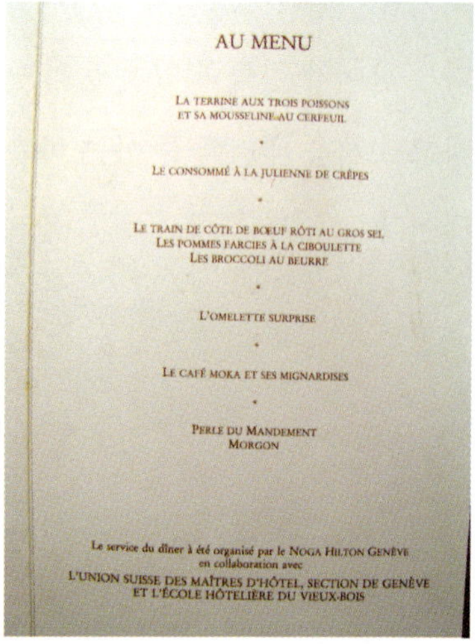

최근 국가, 대기업, 중소기업 할 것 없이 서로 부자나라가 되고 부자기업이 되고 부자 가정이 되기 위한 과정 속에서 생존경쟁, 구조조정, 초일류 상품개발, 마케팅전략 등의 단어가 파생되고 있으며, 이러한 무한경쟁을 이해할 수 있는 보편적이고도 널리 알려진 경제원리이다. 수요와 공급의 법칙은 모든 상품은 수요와 공급의 법칙에 의해 가격이 결정되고, 경쟁원리에 의해 수급이 조절되는 것이 보편적

이다. 상품이 남아돌면 가격이 떨어지고 모자라면 많이 남기고 팔 수 있는 법칙인 것이다.

충분한 사전준비 없이 주관적인 자기 판단 아래 많은 돈을 번 다거나 월급보다야 더 벌 수 있지 않겠나 하는 환상에 사로잡혀 잘못된 창업을 시도하게 되면 실패는 당연할 것이다. 누구나 성공창업을 꿈꾸지만 외식업의 성공확률은 그리 쉬운 일이 아니다. 소자본 창업이라도 창업을 하려면 창업자, 창업자금, 아이템, 사업시설이 있어야 가능하다.

위에서 말한 첫 번째의 많이 판매하는 방법을 시도하려면 사람이 많이 다니는 목이 좋은 곳에서 영업을 해야 한다. 즉 입지가 좋은 곳이어야 한다는 것이다. 물론 권리금이나 보증금이 만만치 않다는 점을 고려해야 할 것이다. 둘째 많이 남기는 장사를 하면 된다. 많이 남기는 것 역시 누구나 희망하는 일이지만. 이 경우 입지가 다소 좋지 않다 하더라도 남이 하지 않은 특별한 메뉴나 아주 특별한 맛으로 승부할 수 있어야 한다. 특별한 메뉴는 외식업체의 판매 메뉴와 함께 맛과 품질 그리고 서비스까지 포함하는 것이다. 또한 입지가 다소 좋지 않을 경우임으로 고객이 자연스럽게 들어오기 쉽고, 보기 쉽고, 사기 쉬운 점포로 기획되어져야 하는 것은 필수이다. 셋째 전자나 후자의 경우처럼 많이 팔거나 많이 남긴다 하더라도 앞으로 남고 뒤로 적자보기 쉬운 것이 장사이다. 철저한 경영을 해야 하고 수익률을 높여야 돈을 벌게 되는 것이다.

세계적으로 경제 가속도가 붙은 우리나라도 물질이 풍부하고 수요보다는 공급과잉의 시대를 맞이한 것이다. "고객은 왕이다"를 넘어 "고객에게 감동을 주는 시대"가 아니면 살아남을 수 없다는 용어가 설득력 있게 들리는 시대이다. 외식업 서비스 경영은 항상 고객의 입장에서 생각하고 고객을 배려할 줄 아는 마음가짐으로 상품이나 서비스 또는 경영이 기획되어져야 한다는 것이다.

6. 정보와 기술력

인터넷이 생활화되면서 정보의 홍수 속에 살고 있다. 정보의 수집이나 탐색은 외식업 창업 준비에 있어서 대단히 중요한 일임에 틀림없다. 그러나 정보화시대에 있어서 정보 노하우는 바로 정확한 정보를 탐색한 후, 오프라인에서 실천하고 정보와 지식을 습득하고 도전해야 한다. 그리고 경험을 축적한 후에 실천하는 과정이 중요하다.

정보화 시대의 성공창업과 실패의 차이는 정보와 지식을 실천하느냐 안 하느냐에 달려 있다. 고객이 업장을 들어오면 인사를 해야 한다는 사실은 알고 있다. 또한 웃음으로 표정관리까지 잘 할 수 있다면 고객은 외식업체에 후한 점수를 줄 수 있을 것이다. 서비스 종업원은 고객의 이름을 기억해 준다던가, 고객의 기호를 재빨리 파악하여 몇 마디 인사치레와 고객이 선호하는 색과 맛을 기억하여 선택을 도와준다면 고객은 그 업체를 오래도록 기억할 것이다. 그러한 경험과 습관화가 바로 노하우인 것이다. 정보화 시대의 노하우는 실천과 습관화에 있는 것이라는 것을 아무리 강조해도 모자랄 것이다.

아무리 좋은 정보일지라도 실천하지 않으면 돼지 목에 진주목걸이를 걸어주는 격이 될 것이다. 자신이 필요한 좋은 정보를 습득하였을 때 실천하고 습관화시키도록 노력하자. 그리고 고마움의 대가로 진일보시킨 정보를 공유하도록 제공한다면 바람직한 정보화시대가 열릴 것이다. 정보화시대의 정보는 시간이 지나면 정보의 가치가 사라지고 쓸모없는 지식에 불과해진다. 귀중한 정보는 제대로 활용할 때 그 효용가치가 상승되는 참다운 보물로 사용할 수 있다.

7. 성공사례 입수

한 사람의 성공기업가가 탄생하는 과정에는 보이지 않는 수많은 과정들이 있다. 우리는 마음만 먹으면 하루에도 몇 번의 성공사업자를 보게 된다. 각종 언론매체나 강연회 등을 통해 수많은 성공한 사람들을 보며 "와! 역시 성공한 사람은 뭔가 다르구나!" 하고 그냥 지나쳐버리거나 부러워 할 뿐이다. 그러나 자세히 들여다보면 많은 성공한 사람들의 이야기를 들어보면 몇 가지 공통점이 있다.

그 공통점은 정보화시대로 접어들면서 이제는 더 이상 장사라는 개념으로는 생존경쟁에서 살아남기 힘들게 되어 버렸다. 어떤 업종을 창업하던 사업이라는 생각으로 부단히 노력해야 할 것이다. 무점포에서 하루에 순수익이 수 십 만원을 벌고 있는 사람을 성공사업자라해도 별무리는 없을 것이다.

어떠한 사업이 유망하다고 소개되면 그 사업 보다는 연계된 사업을 찾아보는 것도 방법 중 한가지다. 즉 "시기적으로 시대흐름을 읽는 능력이 뛰어나다"는 점과 자신이 가진 능력을 잘 판단하여 명확한 결단력이 있어야 한다는 것이다. 어떤 사업을 해서 성공했다는 사례가 나오면 누구나 그 노하우를 배우려 하고 따라 하려고 하게 된다.

사업에서 성공하고 싶다면 성공한 사람들의 이야기를 많이 들을 기회를 가져야 할 것이다. 전국 어디일지라도 찾아가고 여러 가지 기술이나 영업방식을 연구하여 보다 나은 자신의 사업 아이템으로 만들어야 성공할 수 있을 것이다.

8. 창업은 새로운 도약

창업을 통하여 새로운 자신의 인생을 만들어가는 인생경영이 필요한 시점이다. 자신의 재능과 소양에 맞게 새로운 삶을 만들어 나가야 할 것이다. 이를 위해서는 시대의 흐름을 정확하게 꿰뚫고 그에 적응하는 안목, 기회와 위기에 적절히 대처하는 능력이 요구된다. 자기 개발에 인색한 채 안일하게 경영되는 인생은 또 다른 실패를 맞이하기 십상이다. 적자를 내는 기업이 경영 합리화로 돌파구를 찾듯이 직업이나 직장을 바꾸는 것도 하나의 방법이기도 하나 실제 우리 주변에는 과감하게 인생의 경로를 바꾸어 성공한 사람이 적지 않다. 특히 최근에는 기업의 감원 바람이 확산되면서 상담문의 사례와 같은 직장 생활에 회의를 느끼고 독립을 꿈꾸는 사람들이 크게 늘어나고 있다. 자기 사업을 한다는 것은 노력한 만큼 결과가 나타나고 높은 소득을 올릴 수 있다는 점에서 분명히 매력적인 일이다. 그러나 사업은 자기책임 하에서 시도되는 만큼 위험 부담도 커 자칫 모든 것을 잃을 수도 있다. 따라서 창업을 생각하는 사람은 치밀한 사전 검토와 준비를 거쳐야 한다. 시작하려는 사업이 자기의 적성에 맞는 사업인지, 자금은 충분한지, 전망은 있는지 다각도로 면밀히 따져보아야 하는 것이다. 유망사업이라고 해서 무조건 성공하는 것은 아니며 여러 가지 복합적인 요소와 운도 따라야 하는 만큼 요행을 꿈꾸기보다는 창업을 통하여 인생의 도약기를 가족의 행복을 위한 노력으로 승화시켜야 한다.

9. 창업의 정확한 분석

창업은 우선은 잘되는 업종을 찾기보다는 자신이 적성에 맞는 것을 찾아 무엇을 가장 잘 팔 수 있을 것인가를 생각해야 한다. 이와 함께 올바른 창업에 관한 정보수집과 판단 잣대를 가져야 한다.

창업을 하는데 가장 큰 방해물은 먼저 퇴직한 선배 창업자들이 대부분 실패로 이어지는 데 따른 막연한 공포감이다. 실패에 따른 두려움은 바로 정확한 창업정보의 부족에서 비롯된다. 너무 많은 정보의 습득으로 올바르게 판단할 수 있는 기준이 흐려지기 때문에 오히려 난관에 부딪칠 수 있다. 일부 창업자들 가운데에는 남다른 노력으로 성공을 거둔 사람들도 속속 등장하고 있다. 시도도 해보지 않고 의기소침할 필요는 없다. 창업목표를 세우고 정보를 수집하되 자신만의 명확한 기준을 설정해 놓고 정보를 수집하면 미래에 대한 성공예감으로 자신감이 생길 것이다. 특별한 기술이나 전문성이 있는 사람은 그 분야를 직장의 연장선으로 보고 소규모로 창업을 준비하면 별 무리가 없을 것이다. 문제는 특별한 능력이나 기술이 없는 경우인데, 어떤 업종이 잘될 것인가를 찾기 이전에 무엇을 팔 수 있을 것인지 생각해야 한다.

안전창업을 지향하는 만큼 자녀교육비와 생활비 등을 최대한으로 확보하고 사업을 시작하는 전략이 필수다. 안전한 창업계획을 세워 창업에 쓸 수 있는 자기자본 규모를 알아봐야 하고 순수 자기자본금인 현금이나 예금, 적금 해약금 등 동원 가능한 금액을 측정하고 규모에 알맞은 아이템으로 도전해야 하는 것이

원칙이다. 그 다음으로 사업을 위해 입지선정이나 아이템에 관한 정보수집과 함께 사업계획서를 작성해야 한다.

우선 창업에 앞서 직장생활을 병행 하면서 시간 나는 대로 휴가나 수면도 줄이면서 창업에 관한 집념으로 창업공부를 하고 창업지식을 꾸준히 습득해 정확한 정보와 분석이 필요하며, 머릿속의 구상으로만 그치지 말고 치밀한 계획으로 사업계획서를 작성하고 실천하는 것만이 안전창업의 지름길이 될 것이다.

10. 창업자의 자세

외식업 창업자는 창업을 통하여 성공의 기원하지만 모두가 성공하는 것은 아니다. 요즈음 같이 빠르게 통신문화가 주도하는 정보화시대는 어제와 오늘 그리고 내일은 전혀 예측하기 힘든 일도 많다. 어제까지만 해도 전혀 이름이 없던 사람이 오늘 우뚝 솟아오르기도 하고 오늘 유명하게 평가되던 사람이 하루 사이에 무너지기도 하는 세상이다. 이런 복잡 다양한 환경에서 성공사업을 지향하려면 비정상적인 방법보다는 가장 기본적이고 정석적인 삶을 살아가야 가장 빠르고 안전한 성공이 될 것이다.

기초공사를 튼튼히 해야 쉽게 무너지지 않는 것처럼 지킬 것 지키고 남을 속이지 않고 정당한 수입이나 노력의 대가만을 추구하는 것이 가장 많이 벌고 가장 빨리 성공하는 것이다. 지금까지 신뢰받지 못하고 비정상적인 방법으로 돈을 벌어 살아온 사람들이 잘살던 시대를 겪어온 오늘날의 우리들이 피해의식을 갖기도 하고 나도 그런 방법으로 잘살아야겠다는 생각을 갖는 것은 지극히 당연한 것일 지도 모른다. 그러나 큰돈이나 벼락부자를 꿈꾸며 초장부터 승부수를 두는 사람도 있지만 한 걸음 한 걸음 건실하게 사업을 추진하며 먼저 주고 나중에 받는 것을 원칙으로 하는 사람도 있다.

요행으로 한 두 번은 피해갈 지도 모르나 쉽게 버는 돈은 쉽게 없어지고, 쉽게 돈 버는 요령은 평생을 마약처럼 따라다니는데, 빨리 성공하고 많이 번다는 것이 좋은 일임에는 틀림없으나 빨리 버는 방법보다 진실과 신뢰 속에서 성장한 튼튼한 기업은 윤리와 상도를 기반으로 우리 사회에 이바지 하는 경영주가 오래도록 이 세상에 남을 것이다.

〈참고문헌〉

박낙종(2005), 한국음식관광정책의 새로운 방향, '한국관광정책', 한국문화관광정책연구원, 통권 제21호

문화관광부(2005), 2004년 한국관광위성계정

삼성경제연구소(2003) "한국음식의 상품화 · 국제화 전략"

한국관광공사(2005), 2005 PATA한국지부총회 및 한국관광총회 자료집

한국음식관광협회(2004), 한국음식의 관광산업화 및 세계화 전략(심포지엄) 자료

한국전통음식연구소(2005), 한국전통음식의 계승 · 발전 및 세계화를 위한 포럼 자료

농림부(2004), 국산농산물 활용증진을 위한 전통외식산업의 발전 및 세계화 전략

한국조리사회중앙회(2004), Food & Restaurant(월간지)

김정옥 · 박승훈(2000), 외식산업관리론, 대왕사

박기용(2004), 외식산업경영학, 대왕사

오석태(1998), 서양조리학개론, 신광출판사

김기영(2000), 서양조리 실무론, 성안당

최재희(2002), 소자본창업 어떻게 할까요? 중앙경제평론사

임영서(2003), 팔자 바뀌는 음식점 창업, 도서출판정상

주시범(2002), 알면 너무 쉬운 줄서는 음식점 노하우, 청송

김의근(2005), 외식사업창업실무론, 현학사

Korea Traditional Fusion Restaurant
한식 전문점의 성공 전략

CONFIDENTIAL

Contents

Ⅰ. 사업개요

Ⅱ. 외식사업 분석

Ⅲ. Objective Market

Ⅳ. 경쟁 상황

Ⅴ. Marketing

Ⅵ. 시설 투자 계획

Ⅶ. 스케쥴

Ⅷ. Organization

Ⅸ. Interior

Ⅹ. 자금 운영 계획

Ⅰ. 사업개요

1. 사업 개요

21세기는 정보통신 뿐만 아니라 사회, 정치, 문화, 예체능, 종교 등 모든 분야에 있어 좀더 전문화, 세계화될 것이다. 또한 경제발전에 따른 외식문화 또한 21세기의 새로운 세계의 페러다임으로서 한부분을 차지할 것이다.

그것은 무한한 상상적 실제를 통한 가능성을 볼 수 있다.

그 나라의 음식문화를 통해서 전통, 관습 문화를 엿볼 수 도 있고, 음식은 몸의 건강과 함께 사회와 국가의 안정에도 매우 중요한 역할을 하였다.

현재 우리나아의 외식산업은 기형적 형태를 자아내고 있는 형태이다. 식당업에 종사하고 있는 업주들이 경기 변화에 따른 싸이클의 무지성에 따른 단기적 사업 운영을 볼 수있다.

현실적으로 대기업에서도 외식 사업에 뛰어들어 운영을 하고 있고, 외국의 프랜차이징 Brand 및 매뉴얼 의한 체계적인 운영 방식을 도입하고 있음을 볼때, 장기적인 사업 가능성을 엿볼 수 있다.

그렇다고 빠르게 변하는 이 시대에 simple한 기분은 느낄 수 있는 한식당과 T.G.I.F나 베니건스 아웃백 스테이크 하우스 같은 외국의 casual Restaurant처럼 manual화된 service와 casual한 분위기 속에 전통 한식을 즐길 수 있는 공간이 없다.

KTFR은 전통성(궁중요리+갈비)의 fusion화, 분위기 향상(전통문양과 현대적인 simple interior) 및 개성적 메뉴의 다양성과 부담없는 가격으로 가리쟁임만의 독특한 독자성을 창조하여 20~30대의 psychographic에 맞는 한식의 casual restaurant이라는 새로운 외식 사업의 프랜차이즈를 탄생시켜 성공적인 체인 본부를 운영해 나갈 것이다.

II. 외식사업분석

1. 외식 사업 분석

가리쟁임은 20~30대 이상들에게 전문성, 패션화 및 개성화된 한식의 casual restaurant이라는 국내브랜드로 외식 사업의 새로운 카테고리를 창조할 수 있는 프랜차이즈 사업의 가능성을 확신할 수 있다.

2. 외식 사업체 년간 매출 분석표

브랜드명	회사명	매출액(억원)			증가율(%)		기타
		'99	'2000	'2001	'99 vs'00	'00 vs'01	
T.G.I.F	(주)푸드스타	380	600	840	57.9	40.00	
베니건스	동양제과	286	403	550	40.9	36.5	
스카이락	(주)푸드필	230	300	400	30.4	33.3	
코코스	(주)코코스	285	300	330	5.3	10.0	
마르쉐	덕우산업	110	260	440	136.4	69.2	
아웃백 스테이크	(유)오지정	75	150	300	100.0	100.0	
빕스	(주)푸드필	73	130	210	78.1	61.5	
토니로마스	(주)썬엣푸드	75	115	147	53.3	27.8	
씨즐러	(주)바론즈	67	80	147	19.4	53.8	
합계	합계	1,581	2,338	3,364			

3. 외식 사업체 년간 점포 분석표

브랜드명	회사명	매출액(억원)			증가율(%)		기타
		'99	'2000	'2001	'99 vs'00	'00 vs'01	
T.G.I.F	(주)푸드스타	12	17	21	41.7	23.5	
베니건스	동양제과	9	10	13	11.1	30.0	
스카이락	(주)푸드필	18	21	30	16.7	42.9	
코코스	(주)코코스	31	29	35	6.5	20.7	
마르쉐	덕우산업	4	7	10	75.0	42.9	
아웃백 스테이크	(유)오지정	3	8	17	166.7	112.5	
빕스	(주)푸드필	3	3	7	–	133.3	
토니로마스	(주)썬엣푸드	4	4	5	–	25.0	
씨즐러	(주)바론즈	2	3	5	50.0	66.7	
합계	합계	86	102	145			

4. 새로운 형태의 한식 Family Restaurant

casual restaurant은 외식 그 자체를 좋아하는 소비자들에게는 피할 수 없는 하나의 추세이다. 여기에 맛과 분위기는 소비자들이 다시 그 식당을 찾게 하는 가장 큰 작용을 한다.

가리쟁임은 전통성(궁중요리+갈비)과 fusion화, 분위기 향상(전통문양과 현대적인 simple interior)및 개성적 메뉴의 다양성과 부담없는 가격으로 가리쟁임만의 독특한 독자성을 창조해냄으로서 모방할 수 없는 새로운 한식 패밀리 레스토랑을 만든다.

5. 경쟁환경

국내 외식시장은 10년전부터 casual개념의 외국 레스토랑이 도입되면서 젊은 고객과 가족 고객층을 대상으로 활발히 영업이 이루어지고 있으나 외식에 주종을 이루고 있는 한식의 fusion화된 한식 패밀리 레스토랑은 없는 상태이므로 현 시점이 사업의 형태는 시발점이라고 본다.

6. 프랜차이징 가능성

더 이상 종신 고용제가 없는 상황에서 사업성이 증명된다면, 가맹을 원하는 가맹주들이 늘어날 것으로 예상된다. 일반 상업지역의 30~40평 정도의 매장으로 독립할 결심이 서 있는 사람은 감당해 낼 수있는 규모이고, 기존의 독립점포들을 가리쟁임으로 전환시킨다면 빠른 시간내에 체인망을 늘릴 수 있다.

7. 장기적인 시장 기회

가리쟁임은 음식뿐만 아니라 brand화 하여 기획상품 및 수출을 통한 세계의 가리쟁임으로 도약할 수있다.

Ⅲ. Objective Market

1. Market

가리쟁임은 전국에 걸쳐 새로운 것과 순수 한국적인 것에 목말라하는 20~30대와 외국인을 목표로 운영된다.

가리쟁임은 새로운 카테고리의 외식업이기 때문에 아직은 경쟁업체가 없다고 할 수 있다.

그러나 주택가 및 상권지역에 있는 모든 한식, 갈비집, 그리고 계속적으로 성장하는 다국적 외식업체를 시장 경쟁업체로 볼 수 있다.

2. Market Tread

밥먹는 것도 이젠 이벤트다.

음식이 맛있는건 기본, 메뉴가 다양하고, 서비스가 뛰어나며 분위기가 넘치는 시설이 있다면 누구나가 선호할 것이다.

3. Objective Tarket [목표고객]

가리쟁임은 주고객층을 20~30대의 친구, 연인, 직장인 또는 사업가, 외국인 및 가족 고객으로 하며, 특히 남자들을 유인할 수 있는 여자에게 Focus를 둔다.

대부분 외식사업에서 발견될 수 있듯이 여자들은 어느 음식점에 들어갈 지의 결정권자로 볼 수있다. 10대 및 40대이상은 sub고객으로 삼으며 단골고객 확보 및 보조고객 확보는 On-line을 통한 off-line과 연계성을 갖고 구체적인 방안을 정한다.

4. Strategy Opportunity [전략적 기회]

한식 레스토랑의 세계화 추진을 위한 메뉴의 통일화 및 시스템 매뉴얼화하여 직/간접 수출 및 합작투자와 직접투자를 통한 한국음식의 글로벌화 전략을 갖춘다.

Ⅳ. 경쟁 상황

1. 경쟁 카테고리

가리쟁임처럼 20~30대의 목표고객에게 음식을 판매하는 업체들은 다음과 같은 카테고리로 나누어 질 수 있다.

- 국내에 진출한 대형 외국 체인점.(T.G.I.F, 베니건스등)
- 국내 고유 브랜드인 고기집 체인점 (돈,com 등)
- 기타 한정식당 및 고기집

2. 주요 경쟁업체

가리쟁임은 새로운 개념의 전통 한식 fusion 패밀리 레스토랑이다.

따라서 현재 중요 경쟁업체는 없다. 그러나 후발주자의 모방 가능성이 크며 동종업계의 대기업이 자금력과 조직력을 바탕으로 참여할 수도 있다.

3. 경쟁 우위성

가리쟁임이 경쟁업체들에 대하여 가지고 있는 경쟁 우위성은 다음과 같다.

- 한국 전통음식과 갈비의 fusion화를 통한 외국 외식업체의 분위기를 창출함으로서 새로운 영역으로 시장을 형성한다.
- 한국 전통음식의 다양한 item 개발을 통하여 맛과 승부를 할 수 있는 확신이 있으므로 후발주자와 확실히 차별화하여 시장 선점의 우위를 지킬 수 있다.
- 한식 캐주얼 패밀리 레스토랑 사업은 기본적으로 니치 마켓이고 retail 사업이므로 대기업의 속성에 맞지 않으며 상품개발의 우위를 유지한다면 문제가 되지 않는다.

4. 경쟁업체들의 시장 진입

경쟁업체들의 모방과 시장 진입은 상당히 비용도 적게 든다. 더구나 기존의 체인본부들도 종래의 체인망들을 가리쟁임을 모방한 형태로 전환할 수 있다. 그러나 소비자의 마음속에는 가리쟁임은 최초의 전통한국요리를 Fusion화 시킨 한국 전통 패밀리 레스토랑이기 때문에 경쟁업체들이 모방하면 할수록,

그리고 자사(가리쟁임)가 빠른속도로 체인망을 늘리는 한 경쟁사들은 한국 전통패밀리 레스토랑의 전체시장을 신장시키는데 도움이 될 뿐만 아니라, 나아가서는 대기업 및 외국 브랜드의 시장 점유율을 잠식시킬 수 있다.

5. 전략적 기회

가리쟁임이 전국적인 체인망을 갖춘 후에는 우리나라의 음식문화를 선도해 나갈 것이며, 수백개의 점포들을 통한 인트라넷을 통하여 한국음식이 해외 진출의 선도적 역할을 기할 것이다.

V. Marketing

1. Positioning

시대변천에 따른 음식문화 소비패턴 변화와 한식류 및 외식문화의 메뉴 다양화 및 맛의 고급화를 통한 기존 음식시장을 공략하여 양식, 일식, 중식 대체 수요증대를 통한 시장 확대 전략

2. SWOT Analysis

Strength (강점)

- 궁중요리와 전통갈비를 fusion화
- 다양한 메뉴와 적절한 가격으로 소비자 니즈를 만족
- 한식의 표준조리법 및 레스토랑 운영 전반의 매뉴얼에 의한 점포 확장
- 본사업에 참여하는 인적구성이 음식(궁중요리) 관련 노하우 축적

Weakness (약점)

- 외식사업의 후발주자로 인지도 낮음
- 제반 자금 동원력 (Funding)계획 수립 미비

Opportunity (기회)

- 2002년 월드컵의 개최로 한국음식을 외국인에게 홍보할 수 있는 기호 확대
- 한식 패밀리 레스토랑의 concept을 가지고 운영하므로서 경쟁자 미비
- 해외 시장 개척 가능성, 인지도 증가
- 국내 외식 시장의 급속적인 매출 신장에 동참

Threat (위협)

- 사업 전개에 따른 후발 주자의 모방개발 가능성이 큼
- 점포 확대 및 사업 확충에 따른 자금력 확보 방안
- 맛의 질이 기대치에 미치지 않을 경우 추가적인 idea

3. Product Strategies

Price Strategies

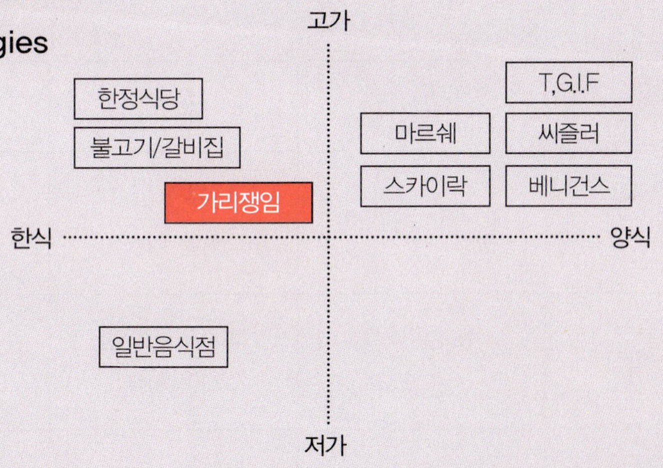

가격은 객단가 ₩12,000/1인당 런치 ₩8,000~9,000 / 디너 ₩13,000~15,000의 중저가 전략으로 구성한다. 이는 마르쉐와 스카이락의 중간 가격대다. 술안주 가격으로는 ₩10,000~30,000/2~4인당으로 정한다.

4. Place Strategies [점포 전략]

1. Funding을 통한 직영점 운영

서울 및 수도권 지역을 direct 직영화하고, 지방은 가맹점 형태로 한다.

2. 프랜차이징을 통한 점포 확대 방안

1호점 투자가를 통한 시험 운영과 동시에 사업설명회를 통한 대대적인 점포 확대 운영

5. Promotion Strategies [판촉 전략]

구분	광고선전	판촉	캠페인
인지도 고지	매스미디어 지향	다양한 시식 기회 부여	주변상권중심의 가시적 캠페인
인지도 확신	계절별 기획 사은행사	패키지 판촉물 개발/활용	계절병, 단계적 캠페인
인지도 정착	매체활동의 활성화	고품격 이미지 정착	캠페인의 대중화 선도

6. 사업 전략방향 및 목표

전통성있는 한국 음식과 외국 음식의 Fusion Restaurant Image형성 ⇩ 제품의 품질 및 기업의 신뢰성 구축	기존 식당의 음식맛과 독특한 인테리어(소규모)로 차별화 ⇩ 독특한 맛과 이미지로 형성

⇩

직영점 Open을 기점으로 대대적인 Promotion Plan을 통해 자사의 Positive Image 및 Brand Loyalty를 구축하여 Brand Share up을 기하도록 한다.

7. Tarket

Age / Sex : 20~30대 이상 남 · 여(특히 친구, 연인, 직장인)

Area / S.E.S : 전국 대도시 거주자 외 지방도시 거주자

Psychographic :
- 맛의 고급을 찾음(전문성)
- 우리 음식문화와 외국음식 문화를 선호(패션화)
- 멋과 품격있는 생활 추구(개성화)

Strategies :
- 전통성(궁중요리+갈비 접목)과 fusion화
- 분위기 향상 (부분적인 전통문양과 현대적인 simple interior)
- 개성적인 메뉴의 다양성 (외국 음식과의 idea개발로 시각, 맛을 추구)
- 부담 없는 가격

8. Concept

TARKET

- 20~30대 이상 남, 녀
(특히 친구, 연인, 직장인)
- 전국대도시 거주자 외 지방도시 거주자

NEED & WANT

- 맛의 고급을 찾음 (전문성)
- 우리 음식문화와 외국음식 문화를 선호
(패션화)
- 멋과 품격있는 생활 추구(개성화)

BRAN

전통성(궁중요리+갈비 접목)과 fusio
와 외국 프랜차이즈의 메너지멘트를
지로서 품격을 느끼게하고, 사업에

MOOD & TONE

- 전통성(궁중요리+갈비 접목)과 fusion화
- 분위기 향상
- 개성적 메뉴의 다양성

CREAT

품격

PRODU

우리 음
전통과

SELLING POINT

- 전통 있는 우리음식
- 궁중과 갈비 전문 레스토랑
- 다양한 메뉴화
- 분위기있는 인테리어
- 회전성 있는 심플한 요리

OSITIONINGT

내 최신 시설로 오랜 기간의 노하우
여 현대임의 기호에 맞는 맛과 이미
를 리드한다.

ONCEPT

의 음식

CREATIVE GUIDELINE

- Launching open과 함께 기자간담회 및 설명회 Brand 강력히 고지
- 전통과 현대, 맛있는 image 강조
- Prestige있는 분위기 표현
- 동양적인 멋과 현대적인 세련된 인테리어 조화

GAN

ㅏ 멋을
usion화

Ⅵ. 시설 투자 계획

Ⅶ. Schedule

1. Execution Flow

단계	Process			
	7월	8월	9월	10월
가리쟁임	↔ • 사업계획 • 법인설립	↔ • Item manual • 운영 manual	• S.I(Store Identify) 전개 • 상품 및 식자재, 집기setting • 가맹 보도자료 및 홍보 • Testimonial event (실 경험 이벤트) ↔	**1호점 오픈** ↔ • 사업설명회 • 기자 간담회

Ⅷ. Organization

1. 조직 구성

구분		소요비용	규모	비고
관리부문	임원	4		
	사무직	1		
	마스타	1		
	소계	6		
생산부문	주방장	1		
	찬모	1		
	보조	1		
	영업장	2		
영업부문	배송	2		
	소계	2		
합계				

1.가리쟁임 Data

- 공사종류 : 내장공사 및 전면 개장
- 총면적 : 35평 (주방 6평)~40평
- 공사기간 : 1개월

2.영업내용

- 개점 : 내장공사 및 전면 개장

  (Kichen System)
- 영업시간 : 오전 10:00~ 오후 23:30분
- 휴일 : 없음
- 종업원수 : 객장 2명 주방 4명 합계 : 7명
- 객석수 : 40석 카운터 1석
- 객단가 : 런치 5000~8000원

  디너코스 13000~30000원

  주류(소주, 맥주, 와인)

  (전통주, 지역주, 명주) 음료

Ⅸ. Interior 재료

1. Interior 재료

- 바닥 :
- 벽 :
- 천정 :
- 가구 :
- 조명기구 :

2. Interior 이미지

(1) 가리쟁임 인테리어 입구

(2) 가리쟁임 인테리어 실내외 벽면

(3) 가리쟁임 인테리어 실내외 천장

(4) 가리쟁임 실내 인테리어

(5) 가리쟁임 인테리어 정문 입구

가리쟁임

한글로고 가로조합 및 세로 조합
가리쟁임
Garijenglim
영문로고 가로타입
가리쟁임 캐릭터
가리쟁임 배너 사인
가리쟁임 현판사인
가리쟁임 스탠딩 사인
가리쟁임 명함 A Type
가리쟁임 명함 B Type
이 재 규
가리쟁임 캐리어 백
가리쟁임 포장지

가리쟁임

X. 자금 운영 계획

예산 진행사항

1. 총비용 (Total Cost)
2. 총수입 (Total Revenue)
3. 손익분기점 (Break Even Point)

- Product Manual (Item)
- Management Manual
- C.I 및 B.I Manual (Naming 및 Symbol)
- Interior Manual

※추정손익계산

(1) 초기투자(Total Cost) : (단위 : 천원)

내용	구분	비용	내용	구분	비용
초기 투자	임대보증금	50,000	사무기기	전화	250
	가맹보증금	20,000		금전등록기	1,500
	기타	48,000		오디오	500
	내장공사			기타 사무용품	300
	추가공사		간판	정면간판	
	기본공사			돌출간판	3,000
	주방기기	20,000		초도	1,500
				마케팅비용	
초기 투자 총 합계 : 145,050,000원					

(2) 간접비용(Side Cost) (단위 : 천원)

내용	구분	비용	내용	구분	비용
간접 비용	점장	1,000	점포 비용	전화료	200
	객장1	1,000		소모품비	100
	객장2	1,000		보험료	300
	객장3	1,000		차량유지비	900
	주방1	1,000		차량할부금	300
	주방2	1,000		기타잡비	1,000
	주방3	1,000		**총점포비용**	**7,600**
	주방4	1,000	마케팅	광고	500
	총 간접비용	**8,000**		홍보	300
점포 비용	임대료	3,500		전단	1,000
	관리비	800		빌보드	
	전기료	500		giveaway	1,000
				총 마케팅비용	**2,800**
간접 비용 총 합계 : 18,400,000원					

(3) 손익계산

	런치	디너 코스
단가	7,000	15,000
회전율	1.5	1.5
객석수	40	40
예상일일 매출액	420,000	900,000
1일 매출 합계 : 1,320,000원		
월 매상 매출액(25일 기준) : 33,000,000원		

※추정 손익 계산서 (단위 : 원)

· 판매 금액 : 33,000

· 판매원가 : 8,910

· 총 판매 직접이익 : 24,090

· 총 인건비용 : 8,000

· 총 점포비용 : 7,600

· 총 마케팅비용 : 2,800

• 총 판매 직접이익 34,090,000 – 총 간접 비용 18,400,000 – Job손실 10,330,000
= 총 순이익 5,360,000

한식

육개장(100인분)

재료

쇠고기, 양지 5kg, 고사리 1kg, 잡뼈 5kg, 토란줄기 1kg, 숙주 1kg, 당면 2kg, 실파(쪽파) 1kg, 추태기름 2kg, 고춧가루 1컵, 생강, 마늘 각 500g, 소금 100g, 깨소금, 조미료 약간

(위의 재료는 100인분을 기준으로 한 것이며 1인분의 양은 1/100의 양을 준비해낸다.)

★ 4인분 : 잡뼈 200g, 쇠고기 양지 200g, 고사리 40g, 토란줄기 40g, 숙주 40g, 당면 80g, 실파 40g

★ 다데기 : 추태기름 80g, 면실유 2큰술, 마늘 20g, 생강 50g, 고춧가루 1컵, 소금, 참깨, 조미료 약간

만드는 법

1. 양지고기는 찬물에 핏물을 빼고 끓는 물에 2시간 정도 삶아 건져서 결대로 찢어 둔다.
2. 쪽파는 반으로 잘라 끓는 물에 데쳐둔다. 숙주도 끓는 물에 데쳐 두고 당면은 삶아서 찬물에 담가 둔다.
3. 고기 삶아 낸 육수를 냄비에 붓고 토란대, 고사리를 적당한 크기로 잘라 넣고 끓이면서 다데기를 넣고 나머지 재료를 넣어 다시 한번 끓이면서 간을 한다. 간은 다데기만 넣어도 된다.
4. 끓으면 육개장 국물에 달걀을 풀어 그릇에 담아 낸다.
5. 잡뼈, 양지고기, 다데기는 100인분의 분량을 해야 맛이 난다.
6. 고기의 양과 야채의 양은 1인분씩 분량을 덜어서 사용하면 된다.
7. 1인분씩 따로 나갈 때 분량의 양을 덜어 냄비에 넣고 육수를 부어 끓으면 다데기와 계란을 풀어서 낸다.

핵심포인트

- 다데기 만드는 법 -

1) 팬에 식용유를 조금 붓고 허파기름을 잘게 썰어 녹인다. 기름이 다 녹아 내리면 찌꺼기는 건져 내고 생강, 마늘을 넣어 저어 주면서 고춧가루, 소금, 깨소금을 넣어 되직하게 다데기를 빼둔다. 육수에 밑간을 하지만 다데기에 간을 충분히 하는 것이 좋다. 다데기는 한번에 많은 양을 빼놓고 사용해도 된다.

설렁탕(100인분)

재료

사골 5kg, 잡뼈 5kg, 양지고기 10kg, 대파 1단, 마늘 500g, 소면 5kg, 후추 약간, 소금
(위의 재료는 100인분을 기준으로 한 것이며 1인분의 양은 1/100의 양을 준비해낸다.)

★ 4인분 : 사골 200g, 잡뼈 200g, 양지 400g, 소면 100g, 대파 1/2, 마늘 20g

★ 다데기 : 물 1/2컵, 간장 1큰술, 고춧가루 3큰술, 대파 다진것 1큰술

만드는 법

1. 사골, 잡뼈, 양지는 찬물에 핏물을 충분히 빼서 둔다.
2. 소면은 삶아서 타래를 쳐서 만들어 놓는다.
3. 대파는 탕파로 썰어 준비한다.
4. 냉(국)간장에 물을 섞어 대파, 고춧가루로 되직하게 다데기를 만들어 둔다.
5. 솥에 물을 붓고 끓어 오르면 사골 잡뼈를 넣고 양지를 삶아 낸다. 2시간 정도 양지를 삶아서 건져 식혀두고 사골 잡뼈는 계속하여 우려 낸다.
6. 초벌 우려 낸 국물과 마지막 우려 낸 국물을 섞어서 사용하면 좋다.
7. 뚝배기(설렁탕)에 소면, 양지, 대파를 넣어 섞어서 끓인 국물에 한번 튀겨서 낸다.
8. 사골 잡뼈, 양지는 100인분을 기준으로 국물을 빼고 1인분의 양은 뚝배기의 그릇 수를 말한다. 고기의 양과 소면의 양은 1/7로 나누면 된다.

핵심포인트

1) 깍두기는 큼직하고 납작모양으로 담가 둔다. 대파, 소금, 다데기는 따로 내놓는다.
2) 잡뼈는 한국 음식의 특징인 국물 요리가 많은 것과 무관하지 않으며 잡뼈는 곰탕국물, 설렁탕 국물, 해장국, 우거지탕, 냉면 육수 국물을 낼 때 사골과 함께 혼합하여 많이 사용한다.

갈비탕(100인분)

재료

소갈비(갈비탕용) 10kg, 양지 5kg(1인50g), 당면 2kg, 달걀 50개, 무 5개,대파 1단, 마늘 500g, 간장 1국자, 국간장 2컵, 물 5컵, 소금 약간, 조미료 약간, 후추 약간, 고춧가루 10컵, 건고추

(위의 재료는 100인분을 기준으로 한 것이며 1인분의 양은 1/100로 나누어 사용하면 된다. 국물요리의 핵심은 한번에 많은 양을 해야 맛이 좋기 때문이다.)

★ 4인분 : 소갈비(갈비탕용 8대) 400g(4~5㎝), 양지 200g, 당면 80g, 무우 1/20개, 대파 1/5뿌리, 마늘 5g, 국간장 1큰술, 물 20컵

★ 다데기 : 육수 1/2컵, 간장 1작은술, 고춧가루 3큰술, 대파 다진것 1큰술

****만드는 법****

1. 갈비는 5cm길이로 토막내어 양지 고기와 함께 찬물에 담가 핏물을 빼고 약 2시간 정도 삶아서 건져 둔다.
2. 건져 놓은 갈비를 다시 양푼에 담아 마늘, 간장, 후추를 넣고 육수를 부어 졸여 낸다.
3. 달걀은 수란을 만들고 당면은 삶아서 찬물에 담가 둔다.
4. 대파는 탕파로 썰어 두고, 냉(국)간장과 육수에 고춧가루, 탕파를 넣어 되직하게 다데기를 만들어 둔다.
5. 갈비와 고기를 삶아 낸 국물에 대파(3뿌리), 무(5개), 건고추(100g)를 넣고 끓어 오르면 냉간장과 마늘 소금으로 간을 한다.
6. 탕그릇에 당면, 양지, 갈비, 수란, 무를 담고 끓는 육수에 한번 튀겨서 국물을 부어 낸다.

*****핵심포인트*****

양지는 납작하게 썰어서 잘 섞어 둔다. 갈비를 졸여야 구수한 맛이 나고 느끼하지 않으며 담백한 국물 맛을 유지할 수 있다.

갈비탕 갈비는 마구리 갈비를 반쯤 사용해도 좋다.

곰탕과 꼬리곰탕(100인분)

＊재료＊

소꼬리 연골 10kg(스지), 사골 5kg, 잡뼈 5kg, 양지 5kg(1인50g), 대파 1단, 마늘 500g

다데기 만들때 : 간장 1컵, 물 1컵, 식초, 간장 1컵, 물 5컵, 깨소금 약간, 고춧가루 5컵, 천일염 약간

(위의 재료는 100인분을 기준으로 한 것이며 1인분의 양은 1/100로 나누어 사용하면 된다.)

★ 4인분 : 소꼬리연골(스지) 400g, 사골 200g, 잡뼈 200g, 양지 200g, 대파 1/2뿌리, 마늘 20g

★ (초간장) 다데기 : 간장 2큰술, 식초 2큰술, 물 3큰술, 고춧가루 3큰술, 깨소금, 고운소금 약간

****만드는 법****

1. 소꼬리, 잡뼈, 사골은 찬물에 담가 핏물을 빼고 한 번 삶아서 국물을 버리고 뼈를 다시 깨끗이 씻어 찬물에 담가 하루 정도 후에 국물을 우려야 한다.
2. 초벌 뺀 국물은 통에 담아두고 다시 가마에 물을 부어 세 번 정도 국물을 우려 내고 빼둔 국물은 서로 섞어서 사용한다.
3. 뼈는 뼛속이 검게 될 때까지 우려 내고 버린다.
4. 소꼬리는 3cm정도 크기로 잘라서 2시간 삶아 건져 두고 연골(스지)는 3시간 삶아서 건져 낸다.
5. 뼈 국물은 시간의 제약은 없으나 국물이 뽀얗게 우러 날 때까지 끓인다.
6. 꼬리 곰탕에는 소꼬리를 서너 토막 넣어 주고 양지고기를 50g 넣는다.
7. 곰탕에는 꼬리를 사용하지 않고 양지 고기만 사용한다.
8. 소면을 삶아서 한 타래씩 넣어 줘도 된다.

*****핵심포인트*****

1) 곰탕을 끓이는 가마솥은 주물을 사용하고 중간 불에 은근히 삶아 주는 것이 좋다.

2) 초간장

식초1컵, 간장1컵, 물5컵을 넣고 고춧가루, 깨소금, 설탕으로 간을 한다.

3) 다데기

국간장1컵, 물10컵을 넣고 고춧가루를 넣어 되직하게 섞어서 다데기를 만든다.

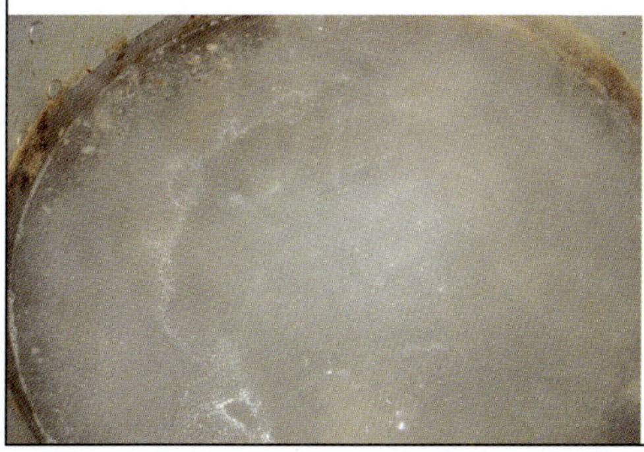

소머리 국밥(100인분)

재료

소머리 1개 20kg(1인50g), 잡뼈 5kg, 사골 5kg, 양지 5kg, 마늘 500g, 생강 100g, 대파 1단, 냉간장 1컵, 물 5컵, 고춧가루 10컵

(위의 재료는 100인분을 기준으로 한 것이며 1인분의 양은 1/100로 나누어 사용하면 된다.)

★ 4인분 : 머리고기 800g, 잡뼈 200g, 사골 200g, 인삼 200g, 대파 1/2뿌리, 마늘 20g, 생강 4g

★ (초간장) 다데기 : 간장 1작은술, 육수 1/2컵, 고춧가루 3큰술, 깨소금

만드는 법

1. 잡뼈와 사골, 양지, 소머리는 찬물에 담가 핏물을 충분히 빼서 건져 둔다.
2. 솥에 물을 붓고 1.의 재료를 넣어 초벌 삶아 낸 국물을 버리고 다시 물을 부어 끓인다.
3. 소머리와 양지는 2시간 30분정도 삶으면 건져서 채에 받혀 두고 뼈는 계속 고와 준다.
4. 냉간장에 마늘, 생강, 고춧가루, 대파를 넣어 다데기를 만들어 둔다.
5. 소머리와 양지는 식혀서 먹기 좋게 납작 썰기 해서 서로 섞어 준다.
6. 뚝배기에 5.의 재료를 넣어 국물을 붓고 한번 튀겨서 다시 국물을 부어 낸다.
7. 소면을 삶아서 타래를 져서 건져 두었다가 함께 사용해도 좋다.

핵심포인트

1) 대파는 탕파로 썰고 다데기와 소금, 후추는 따로 낸다.

돼지보쌈(4인분)

＊재료＊

돼지고기(삼겹살) 1kg, 된장 1큰술, 캐러멜 1작은술, 대파 2뿌리, 양파 1개, 마늘 100g, 생강 50g, 배추 1/2통(포기김치, 보쌈김치)

〈보쌈속 무침〉

무, 밤, 대추, 배, 오이, 잣, 석이버섯, 낚지, 굴, 새우젓, 고춧가루

****만드는 법****

1. 돼지고기는(삼겹살) 폭5cm정도 크기로 결대로 썰어서 찬물에 담가 핏물을 충분히 빼놓는다.
2. 들통에 물을 붓고 된장을 풀어 한번 끓어 오르면 고기를 넣고 대파, 양파, 생강, 마늘, 캐러멜을 넣어 고기가 익을 때까지 삶아서 건져 놓는다.
3. 보쌈속 무침은 담아서 익은 것과 덜 익은 것으로 분리해 두고 사용한다 (배추속과 배추를 분리해 담는다).
4. 삶아 놓은 고기는 두툼하게 썰어 접시 한쪽에 돌려 담는다.
5. 보쌈 속 무침은 상추를 깔고 다른 한쪽에 담아 배추절임과 가지런히 놓는다.
6. 마늘과 풋고추는 비껴 저며 썰어서 접시 한쪽에 담아낸다.
7. 고기는 따뜻하게 해서 담아내고 무침 속은 차게 해서 낸다.
8. 배추는 소금에 절였다가 짜지 않게 해서 그대로 사용해도 되고 속을 넣어 버무려 썰어 담아도 된다.

*****핵심포인트*****

1) 보쌈 속은 위의 재료를 넣어 무쳐서 익힌 것과 생것을 분리해서 사용한다.
2) 무는 굵은 듯이 채를 쳐서 소금에 절였다가 물기를 꼭 짜서 위 재료를 넣고 마늘, 생강, 설탕, 젓갈, 고춧가루로 무쳐 놓는다.
3) 배추는 속 노란것을 뜯어 소금에 절여 물에 깨끗이 씻어 물기를 제거하여 놓는다.

상추쌈 샤브샤브(4인분)

재료

쇠고기 채끝살 500g, 표고 5장, 청피망 1개, 오양맛살 5개, 참기름 약간, 깨소금 약간, 마늘 약간, 상추 50장, 무 1/2, 다시마 100g, 다시 멸치 100g, 간장 100g

〈소스재료〉

사과 1.5개, 배 1개, 양파 2개, 생강 10g, 마늘 5g, 레몬 2개, 샐러리 1줄기, 마요네즈 1kg, 몽고 된장 3kg, 들깨가루 100g, 참기름 100g, 핫소스 1병, 사이다 1/2병(pt), 땅콩버터 150g

만드는 법

1. 들통에 물을 붓고 다시마, 무, 멸치, 간장을 넣어 푹 끓여서 육수를 만들어 놓는다.
2. 표고는 다지고 맛살은 민찌기에 갈고 피망은 얇게 채를 썰어 참기름에 섞어 볶아 펼쳐 식힌다.
3. 쌀은 물에 불려 밥을 고슬고슬 짓는다.
4. 3.에 2.를 넣어 잘 섞어 식혀 준비한다.
5. 4.의 비벼 놓은 밥을 한 입 크기로 상추에 싸서 채에 돌려 담는다.
6. 채끝고기를 냉동 상태에서 육절기에 롤이 되게 얇게 썰어서 5.의 돌려 담은 바구니 가장자리에 쌓아 담아낸다.
7. 샤브냄비에 육수를 붓고 가스에 올려 낸다.
8. 소스는 각 개인별로 내어 준다.
9. 고기를 육수에 데쳐 소스를 찍어 밥에다 싸서 먹는다.
10. 먹고 난 육수에 칼국수를 끓여 준다.
11. 소스 만드는 방법은 핵심포인트를 참고 할 것

핵심포인트

* 샤브샤브 땅콩 소스 대량 만드는 법

1. 사과 1.5개
2. 배 1개
3. 양파 2개
4. 생강 10g
5. 마늘 5g
6. 레몬 2개
7. 셀러리 1줄기

→ 위의 분량을 민찌기나 믹서에 갈고 아래 분량의 재료를 넣고 잘 섞어 준다.
마요네즈 1kg, 몽고된장 3kg, 들깨가루 100g, 참기름 100g, 핫소스 1병, 사이다 1/2병 (Pt) 땅콩버터 150g

한식 양식 중식

비빔밥(1인분)

재료

고사리 20g, 시금치 20g, 조미료, 소금 약간, 콩나물 20g, 도라지, 당근채 각20g, 무 20g, 청포묵 20g, 다시마 튀김 0.5g, 계란 1개, 참기름 1작은술, 고추장 1작은술, 마늘 10g

만드는 법

1. 고사리는 잘 씻어서 3등분정도 썰어 마늘 조미하여 간장에 볶아둔다.
2. 도라지는 가늘게 저며서 소금에 절여 쓴 물을 빼고 건져서 기름 두르고 볶아 낸다. 호박은 돌려깎기 하여 소금에 절여 씻어 볶는다.
3. 콩나물, 시금치는 삶아서 참기름, 마늘, 소금으로 간을 해서 무쳐 놓는다.
4. 무, 당근은 채썰어 무는 절여 씻어 건져서 볶고, 당근은 데치거나 볶아서 둔다.
5. 다시마는 튀겨서 설탕, 소금을 뿌려 두고 청포묵은 채썰어 둔다.
6. 비빔밥 그릇에 위의 나물 재료를 돌려 담고 가장자리에 후라이를 해서 얹고 공기 밥은 따로 낸다.
7. 고추장은 물과 1:1로 하여 마늘, 설탕, 참기름으로 볶아서 준비해 둔다.

핵심포인트

1) 고추장을 볶아서 사용하는 것은 밥을 비볐을 때 풍미를 더욱 좋게 한다. 고추장은 충분히 볶아준다 (뽀글뽀글 끓어오를 때 까지).

선지해장국(100인분)

재료

잡뼈 5kg, 갈비 5kg (1인 50g), 우거지 10kg(1인 100g), 선지 10kg(1인 100g), 양지 2.5kg(1인 25g), 생강 200g, 마늘 400g, 대파 1단, 고춧가루, 된장 400g, 콩나물 1kg

(위의 재료는 100인분을 기준으로 한 것이며 1인분의 양은 1/100로 나누어 사용하면 된다.)

★ 4인분 : 잡뼈 200g, 갈비(마구리) 200g, 우거지 400g, 선지 400g, 양지 100g, 생강 8g, 마늘 16g, 대파 1뿌리, 고춧가루, 된장 1큰술, 콩나물 40g

만드는 법

1. 잡뼈는 찬물에 담가 핏물을 충분히 빼서 건져 솥에 물을 붓고 육수를 우려 내어 둔다.
2. 우거지는 가을 배추 억센 부분만 삶아서 찬물에 씻어 적당한 크기로 잘라 둔다.
3. 선지는 끓는 물에 살짝 데쳐서 찬물에 담가 둔다.
4. 갈비는 3cm정도 토막내어 찬물에 담가 핏물을 빼두고 양지는 납작하게 썰어 준비한다.
5. 솥에 잡뼈 우려낸 육수를 붓고 된장을 풀어 끓어 오르면 갈비와 양지고기를 넣고 다시 한번 끓어 오르면 우거지를 넣어 끓인다. 충분히 끓으면 마늘 조미와 대파를 넣어준다. 선지는 따로 낸다.

핵심포인트

1) 선지는 끓는 물에 적당한 크기로 잘라서 삶아야 한다. 삶는 과정에서 깨지는 부분이 많으므로 조심해서 삶는다.
2) 갈비는 소의 등쪽 부분의 마구리 뼈를 사용한다.

추어탕(100인분)

재료

미꾸라지 50kg, 우거지 10kg, 시레기 10kg, 토란대 5kg, 느타리버섯 10kg, 대파 2단, 건홍고추, 풋고추, 들깨가루 2컵, 생강 100g, 마늘 500g, 된장 5컵, 소금 1국자, 호박잎 5kg

(위의 재료는 100인분을 기준으로 한 것이며 1인분의 양은 1/100로 나누어 사용하면 된다.)

★ 4인분 : 미꾸라지 2kg, 우거지 400g, 시레기 400g, 토란대 100g, 느타리 200g, 호박잎 200g, 대파 1뿌리, 생강 4g, 마늘 20g, 된장 1큰술, 소금 1큰술, 건고추 · 풋고추 각 4개, 육수 10컵

만드는 법

1. 미꾸라지는 큰 통에 담아 해감을 토하게 하고 소쿠리에 건져서 굵은 소금을 충분히 뿌려 준 다음 숨이 멎으면 거품이 없어질 때까지 깨끗이 헹군 다음 끓는 물에 뭉근히 삶아 굵은 체에 으깨어 내린다.
2. 버섯은 데쳐 두고, 우거지와 토란대는 적당한 크기로 잘라 두고 야채는 4~5cm 크기로 썰어 준비해 둔다.
3. 솥에 체에 내린 미꾸라지와 육수를 붓고 된장 풀고, 홍고추 갈아둔 것을 넣고 끓인다. 끓기 시작하면 우거지, 토란대 순으로 나머지 야채를 넣고 마늘과 소금으로 간을 한다.
4. 홍고추, 풋고추, 마늘은 다져서 산초가루와 따로 낸다.
5. 콩을 갈아서 추어탕 끓일 때 넣으면 구수한 맛을 낼 수 있으나 비린내가 날 수도

핵심포인트

1) 추어탕의 육수는 사골뼈 국물과 반쯤 섞어서 끓이면 더욱 좋다.
2) 건고추를 물에 불려서 민찌기에 갈아서 다데기를 육수에 넣어 풀어 준다.
3) 추어탕은 많은 양 100인분 정도를 끓여 줘야 맛이 있으며 끓여서 흐르는 물에 식혀 두고 사용한다.

한식 양식 중식

해물 칼국수(4인분)

재료

황태포 10g, 중력분 4컵, 맛살 5개, 다시마 2잎, 조갯살, 재첩 각10g, 바지락 10g, 오징어 10g, 꽃게 50g, 새우, 가리비 각2마리, 애호박 1/4개, 감자 1/4개, 대파 1뿌리, 마늘 10g, 조미료 약간, 홍합 5개

****만드는 법****

1. 무, 다시마로 육수를 빼어두고, 소금간을 약간 한다.
2. 중력분의 밀가루에 천일염을 풀어 반죽을 해 하루 숙성시키고 다음날 롤로 밀어서 냉동과 해동을 반복해 면을 뽑는다.
3. 감자, 호박은 납작 썰기해서 준비해둔다.
4. 냄비에 육수를 붓고 준비된 재료를 넣고 한소큼 끓으면 면을 넣어 마늘, 소금으로 간을 해서 낸다.
5. 육수를 뺄 때 재첩을 조금 넣어주면 국물 맛이 텁텁해 지지 않고 시원한 맛을 유지한다.

*****핵심포인트*****

1) 밀가루 반죽은 해동과 냉동을 반복적으로 해주면 면이 쫄깃쫄깃하면서 불지 않는다.
2) 냉동과 해동을 할 때는 비닐봉지나 랩으로 싸서 공기가 들어 가지 않도록 한다.
3) 양념장을 만들어 곁들여 먹으면 좋다.

황태 해장국(100인분)

재료

황태포 1kg, 콩나물 2kg, 무 5개, 달걀 1인분의 1개, 마늘 500g, 대파 2kg, 소금 약간, 새우젓 500g

육수 : 황태머리, 다시마 200g, 재첩 500g

(위의 재료는 100인분을 기준으로 한 것이며 1인분의 양은 1/100로 나누어 사용하면 된다.)

★ 4인분 : 황태 40g, 콩나물 80g, 무우 1/2, 달걀 4개, 마늘 5g, 대파 80g, 새우젓 2큰술, 소금 약간

★ 육수만들기 : 물 20컵, 황태머리 4개, 다시마 8g, 재첩 20g

만드는 법

1. 황태는 꼬들거리는 것으로 준비해서 길쭉길쭉 찢어서 준비해 둔다.
2. 콩나물은 머리와 끝을 다듬어 깨끗이 씻어 준비한다.
3. 무는 조금 굵은 듯이 채썰고, 대파는 반을 갈라 3cm정도 썰어 준비한다.
4. 계란은 노른자만 준비해 둔다.
5. 두꺼운 솥에 참기름을 조금 붓고 황태를 살짝 볶아 주면서 물을 부어 끓여 준다.
6. 끓기 시작하면 무, 콩나물 순으로 넣고 마늘, 소금으로 간을 하고 대파를 넣어 준다.
7. 뚝배기에 황태국을 담고 계란을 얹어 낸다.
8. 계란은 노란자만 얹어 주는데, 계란을 국 위에 풀어 주는 경우도 있다.

핵심포인트

1) 계란을 풀어서 사용해도 된다.
2) 황태 육수는 재첩으로 만들면 더욱 시원하고 맛이 있으며 숙취해소에 좋다.

* 육수 내기

1) 솥에 물을 붓고 재첩 1kg, 무 1개, 황태머리 10개, 다시마 큰 것 1잎을 넣고 푹 끓여 준다.

콩나물 국밥(1인분)

＊재료＊

공기밥 1공기, 콩나물 100g, 숙성김치 30g, 장조림 20g, 새우젓 1/2 작은술, 고춧가루 10g, 청양고추 1개, 마늘 1톨, 오징어 1/10마리, 계란 1개, 대파 1/4, 깨소금 약간

만드는 법

1. 콩나물은 잘 씻어 손질하여 놓는다.
2. 쇠고기 홍두게살을 장조림 하여 결대로 잘게 찢어 준비한다.
3. 콩나물을 삶아 찬물에 담아 식힌다.
4. 김치, 대파, 청양 고추는 잘게 썰어 준비한다.
5. 오징어는 끓는 물에 데쳐서 잘게 썬다.
6. 뚝배기에 밥을 담고 콩나물, 김치, 장조림, 삶은 오징어, 다진 파. 마늘, 청양고추, 달걀을 넣고 육수를 부어 한 소큼 끓여낸다.
7. 육수는 콩나물 삶은 물 2컵, 북어포 100g, 다시멸치 50g, 새우젓 1작은술, 무, 다시다 약간씩 넣고 푹 끓여서 사용한다.
8. 육수를 붓고 한 소큼 끓여내면 좋다.

육수 많은 양(10인분 이상) 만들기

콩나물 삶은 물 30리터	고추씨 100g
북어포 1kg	멸치다시다 100g
다시멸치 500g	새우젓 100g
쇠고기다시다 200g	무우 500g

냉면(100인분)

재료

전분가루 1포, 메밀가루 1포, 쇠고기 설깃 5kg, 양지머리 5kg, 달걀 50개, 무 5개, 오이 50개, 배 10개, 고추씨 100g, 계피나무 1뿌리, 포도당, 식초, 설탕

(위의 재료는 100인분을 기준으로 한 것이며 1인분의 양은 1/100로 나누어 사용하면 된다.)

★ 4인분 : 전분 5컵, 메밀가루 5컵, 쇠고기 설깃 200g, 양지머리 200g, 달걀 2개, 무우 1/10개, 오이 1개, 배 1/2개, 고추씨 40g, 계피 1쪽, 포도당 1큰술, 식초, 설탕

만드는 법

1. 무는 납작하게 썰어 동치미를 담고 오이는 씨를 빼고 썰어 소금에 절였다가 씻어 물기를 꼭 제거한다.
2. 고기는 삶아 두고 배는 납작 모양이나 채를 썰어 사용하면 된다.
3. 전분과 메밀은 1:1로 혼합하여 냉 소다를 넣고 뜨거운 물로 반죽한다.
4. 끓는 물에 면을 뽑아 데치듯이 삶아 찬물에 헹궈 그릇에 담고, 무김치, 오이김치, 쇠고기, 배, 계란을 얹어 육수를 부어 낸다.
5. 육수는 간을 할 때 하루에 사용할 양을 따로 덜어서 양념을 한다. 포도당, 구연산으로 간을 맞춰 놓은 육수는 다음 날 사용할 수 없다.
6. 육수를 한꺼번에 많은 양을 빼서 몇 일 사용할 경우에는 냉간장과 소금만 넣은 짠 육수 상태에서 육수통에 보관해야 한다.

핵심포인트

1) 육수는 가마솥에 물을 붓고, 양지, 고추씨, 계피, 닭발 등을 넣고 2시간 동안 푹 고아서 건더기는 건져 내고 냉간장과 소금으로 간을 해서 들통에 퍼내 흐르는 물에 식힌다. 식은 육수는 육수통에 붓고 포도당, 구연산, 설탕, 식초, 사이다로 조미하여 간을 하고 살얼음이 얼 정도로 육수통의 온도를 낮춘다.

한식 양식 중식

생태탕(4인분)

재료

생태 1마리, 무 150g, 쑥갓 0.5g, 대파 10g, 애호박 /14개, 미나리 0.5g, 모시조개 5개, 마늘 10g
고추장 1작은술, 고춧가루 1큰술, 두부 1/2모

만드는 법

1. 생태는 내장을 빼고 잘 손질하여 4토막 정도하여 씻어서 준비한다.
2. 무는 두툼하게 납작 썰기하고, 애호박은 반달 모양으로 두툼하게 썰고, 대파는 반 갈라 4cm정도 크기로 썰어둔다.
3. 미나리, 쑥갓은 5~6cm로 썰어 준비하고, 두부는 납작하게 적당크기로 썰며, 풋고추, 홍고추는 어슷 썰어 준비해 둔다.
4. 냄비에 물을 붓고 끓으면 고추장 1술 정도 풀어 주고 모시조개, 무를 넣는다.
5. 끓기 시작하면 생태를 넣고 마늘, 고춧가루, 소금으로 간을 하고, 고추, 두부를 넣고 맨 위에 미나리, 쑥갓을 올려 낸다.
6. 고춧가루를 위에 다 조금 뿌려 나가면 좋다.

핵심포인트

1) 생태탕, 동태탕, 대구탕 등 매운 탕 종류는 고추장과 된장을 1:2정도로 섞어 고춧가루, 마늘, 생강, 청주 등으로 다데기를 만들어 익혀 사용하면 좋다.
2) 육수는 맹물보다 멸치, 무우, 다시마로 다시국물을 빼서 사용하면 좋다.

한식 양식 중식

한방오리 백숙(4인분)

재료

오리 1마리, 인삼 2뿌리, 녹각 0.5g, 당귀 10g, 더덕 3뿌리, 밤 5개, 대추 5개, 마늘 10쪽,
생강 0.5g, 대파 10g, 찹쌀 1컵

만드는 법

1. 오리는 배를 반으로 갈라서 내장을 빼고 깨끗이 씻어 둔다.
2. 생강, 마늘은 납작하게 썰고 나머지 재료는 깨끗이 씻고, 대파는 잎은 탕파로 썰고 뿌리 쪽은 잘 씻어서 둔다.
3. 들통에 물을 붓고 끓인다. 물이 끓으면 오리를 통째로 넣어 한번 삶아서 초벌 국물은 버리고 물을 다시 부어 끓으면 나머지 재료를 넣어 뚜껑을 닫고 푹 고아지도록 삶아 낸다.
4. 찌꺼기는 건져 내고 육수에 찹쌀을 넣고 죽을 쑤어 낸다.
5. 죽을 쑬 때는 야채(당근, 파)를 잘게 썰어서 넣어 준다.

핵심포인트

1) 삶아 낸 오리는 냄비에 앉혀 담고 육수를 붓고 나머지 재료를 반쯤 올려서 불에 올려 끓이면서 먹어도 좋다.

닭백숙(4인분)

재료

닭(토종닭) 1마리, 찹쌀 1컵, 대추 5개, 수삼 2뿌리, 녹각 0.5g, 당귀 10g, 생율 5개, 황기 0.5g, 대파 50g, 마늘 10쪽

****만드는 법****

1. 닭은 중닭 정도로 준비하여 내장을 빼고 잘 씻어서 준비한다.
2. 나머지 재료는 물에 한번 씻어서 건져 두고, 찹쌀은 물에 불려서 준비해 둔다.
3. 압력솥에 물을 붓고 닭을 넣고 나머지 재료를 넣어 푹 삶아 접시에 건져낸다. 육수에 남아있는 다른 재료는 깨끗이 걸러낸다.
4. 걸러낸 육수에 찹쌀로 죽을 쑤는데 이 때 야채 실파 당근을 잘게 썰어서 함께 죽을 쑤면 보기가 좋다.
5. 죽은 백숙을 먹고 나면 제공한다.

*****핵심포인트*****

1) 소스는 따로 없고 소금에 후추가루를 섞어서 각 개인별로 찍어 먹을 수 있을 정도의 양을 낸다.

감자탕(3~4인분)

＊재료＊

돼지뼈(암돼지) 500g, 우거지 200g, 대파 100g, 깻잎 10g, 된장 1큰술, 고추장 1작은술, 마늘 10g, 생강 0.5g, 감자 2개, 후추 약간, 고춧가루 1큰술

만드는 법

1. 돼지뼈는 찬물에 담가 핏물을 충분히 빼둔다.
2. 우거지는 가을 배추를 삶아서 찬물에 씻어 적당한 크기로 찢어 놓는다.
3. 대파는 반 갈라 5cm크기로 잘라 놓는다.
4. 들통에 물을 붓고 된장, 고추장을 풀어서 끓이다 한 소금 끓어 오르면 돼지뼈를 넣고 2시간 정도 삶아서 건져 낸다.
5. 감자는 따로 삶아서 준비해 둔다.
6. 전골냄비에 육수를 붓고 돼지뼈, 우거지, 감자, 대파, 깻잎순으로 담아 불에 올려서 낸다.
7. 마늘, 생강은 뼈를 삶을 때도 넣지만 냄비에 담아낼 때도 생강, 마늘, 후추로 간을 해 주어야 한다.
8. 야채는 여러 가지를 쓸 수 있으나 우거지 대파를 많이 넣어주면 좋다.

핵심포인트

1) 된장, 고추장은 너무 많이 풀면 국물이 텁텁해지므로 조금만 푸는 것이 좋다. 뼈는 맹물에 한번 삶아 내는 것도 좋다.
2) 육수를 버리고 다시 물을 부어서 두 번째 국물부터 사용해야 냄새도 나지 않고 국물이 구수하다.
3) 육수는 잡뼈와 사골을 섞어서 푹고은 국물을 쓴다.

수원갈비 소금양념구이 (100인분)

재료

소갈비 12cm토막 200대, 고운소금(꽃소금) 1kg, 황설탕-3kg, 백설탕 3kg, 통마늘 1kg, 참기름 1kg, 참깨 150g, 후추가루 150g, 면실유 1kg

(위의 재료는 100인분을 기준으로 한 것이며 1인분의 양은 갈비 2대를 말한다. 갈비구이의 1인분은 어느지역이나 2대가 기준이다.)

★ 4인분 : 소갈비 12㎝ 토막 8대, 고운소금(꽃소금) 40g, 황설탕 120g, 백설탕 120g, 마늘 40g, 참기름 40g, 참깨 6g, 후춧가루 6g, 면실유 40g

만드는 법

1. 갈비는 12cm로 토막내어 포를 떠서 준비해 둔다.
2. 포뜬 갈비를 넓은 그릇에 펴서 놓는다.
3. 소금과 설탕, 후추, 깨소금을 섞어 배합한 양념을 갈빗살 위에 뿌린다.
4. 다져놓은 마늘을 뿌리고 참기름도 뿌려준다.
5. 다 뿌린 갈비는 3회 정도 말아서 통에 담는다.
6. 소금, 황설탕, 백설탕, 후추, 참깨를 1:3:3:0.15로 섞어서 배합 양념을 만들어 둔다.
7. 참기름과 면실유를 1:1로 혼합해 사용한다.

핵심포인트

1) 수원갈비는 간장을 전혀 쓰지 않으며 타 지역에 비해 갈비가 큰 것이 특징이다.
2) 예시 소금 1kg, 황설탕 3kg, 백설탕 3kg, 후춧가루, 참깨 150g을 잘 혼합하여 섞어 준다.
3) 양념을 뿌릴 때 골고루 단면에 잘 닿을 수 있도록 뿌려야 한다.
4) 마늘은 통마늘을 칼로 다져서 사용해야 고기의 선홍색을 유지하며 저장성이 좋다.

소갈비 간장양념구이(4인분)

재료

소갈비 7cm(8대), 사과 1개, 배 1개, 대파 1뿌리, 양파 1개, 다진마늘 200g, 참기름 100g, 깨소금, 후춧가루 약간, 흑설탕 1컵, 물엿 1컵, 청주 1큰술, 진간장 1컵, 물 6컵, 전분 1작술

만드는 법

1. 갈비는 주어진 길이로 포를 떠서 칼집을 넣어준다(다이아몬드).
2. 간장은 진간장으로 준비 한다.
3. 물은 깨끗한 물 정수기 또는 정제된 물로 준비한다.
4. 물엿은 맥아당으로 준비한다.
5. 사과, 배, 양파는 반으로 나누어 반은 민찌기에 갈고 반은 육장 끓일 때 쓴다.
6. 냄비에 간장과 물을 부어 사과, 배, 양파 반쪽과 흑설탕, 물엿을 넣고 센불에 끓여 준다. 끓기 시작하면 약 불에 30분정도 더 끓이다가 전분을 풀어준다.
7. 끓여놓은 육장이 식으면 준비된 갈비를 재우고 참기름, 깨소금, 마늘, 사과, 배, 양파 갈아놓은 것을 넣어 자박하게 하고 갈비를 말아 통에 담고 나머지 국물을 부어 준다.

핵심포인트

1) 전분을 약간 풀어주면 갈비를 구웠을 때 윤기를 내고 육질이 부드러워진다.
2) 간장 끓이는 것을 육장이라고 하며, 간장은 끓여서 사용해야만 고기의 비린내를 없애고 독성을 제거할 수 있다.

돼지갈비 간장양념구이 (4인분)

재료

돼지목살(두께 0.3cm) 500g, 돼지갈비(7cm) 포 떠서 1kg, 진간장 1컵, 물 4컵 물엿 1컵, 흑설탕 1컵, 사과 1/2, 배 1/2, 대파 1뿌리, 양파 1개, 참기름, 참깨, 후춧가루, 마늘 분 생강 분 1/4봉, 생강 1큰술, 마늘 2큰술, 청주(소주)

만드는 법

1. 간장은 진간장으로 준비한다.
2. 설탕은 흑설탕 물엿은 맥아당으로 준비한다.
3. 물은 맑은 물로 준비한다.
4. 사과, 배, 양파는 간장 끓일 때 사용한다.
5. 냄비에 간장과 물을 붓고 설탕, 물엿, 사과, 배, 양파를 넣어 센물에 끓여준다.
6. 끓기 시작하면 불을 줄여 약 불에 30분정도 더 끓여 흐르는 물에 식혀둔다.
7. 식혀둔 간장을 들통에 붓고 건더기는 건져내고 목살과 갈비를 넣고 나머지 양념을 해서 재워준다.

핵심포인트

1) 마늘분과 생강 분을 넣어주고 술을 넣으면 돼지의 독특한 냄새를 없애주고 구이를 했을 때 더욱 맛이 좋다.
2) 간장 끓일 때 생강과 마늘을 저며서 몇 쪽 넣어 주면 좋다.

매운 갈비찜(4인분)

＊재료＊

소갈비 500g, 돼지갈비 300g, 고추다데기 25g, 청양 건고추, 간장 0.05g, 생강 10g 감초 0.5g, 계피, 마늘 100g, 당면 50g, 느타리 50g, 새송이 버섯 60g, 밤 3개, 대추 5개, 양파 100g, 대파 100g, 무, 당근, 감자 각 50g

(소갈비면 소갈비찜, 돼지갈비면 돼지 갈비찜, 갈비의 종류를 무엇으로 하는가에 따라 이름이 달라지지만 재료는 같다.)

만드는 법

1. 갈비는 4cm길이로 토막내어 찬물에 담가 핏물을 제거해 건져 둔다.
2. 홍고추, 청양 건고추는 물에 불려서 민찌기에 갈아 둔다.
3. 양파, 대파는 반으로 갈라 5cm정도로 썰어 두고, 감자는 4등분하고 당근은 어슷하게 통으로 썰어 준비해 둔다.
4. 큰 들통에 물과 간장을 10:1로 잡아 된장을 조금 풀어 끓이면서 2의 재료를 넣고 끓이다 끓기 시작하면 갈비를 넣고 1시간 30분정도 삶아 건진다.
5. 냄비에 삶아 낸 갈비와 당면을 밑에 깔고 위에 야채를 보기 좋게 돌려 담은 뒤 갈비 삶아낸 육수를 부어 낸다.
6. 불판에 올려 놓은 냄비의 육수가 줄어 들면 육수를 추가로 부어 줘야 한다.

핵심포인트

1) 건고추 다데기는 물에 충분히 불려 민찌기에 갈아 준비하고 육수에 풀어 끓어 오르면 갈비를 삶아 낸다. 이 때 계피, 감초를 조금만 넣어 준다.
2) 계피, 감초는 향이 강하므로 소량을 넣어야 한다.

한식 양식 중식

굴밥(1인분)

재료

쌀 1/2컵, 생굴 100g, 밤 1개, 대추 1개, 은행 3개, 포고버섯 1장, 당근 20g

간장양념 : 대파 1/4뿌리, 고춧가루 1작은술, 고추기름 1작은술, 참기름 1작은술, 설탕 1/2술, 깨소금 약간, 간장 1큰술, 마늘 1/2 작은술

만드는 법

1. 쌀은 씻어서 불려 체에 받쳐놓는다.
2. 쌀을 불리는 동안 양념장을 만든다.
3. 굴은 연한 소금물에 흔들어 이물질을 제거하고 말린 표고는 따뜻한 물에 불려 꼭지를 떼고 잔 사각으로 썰어 준비한다.
4. 대추는 씨를 바르고, 밤, 당근과 함께 표고와 같은 크기로 썰어 준비한다.
5. 은행은 팬에 약간의 기름을 붓고 살짝 볶아 껍질을 제거한다.
6. 돌솥에 버터(참기름)를 두르고 쌀과 물을 붓고 그 위에 밤, 대추, 표고, 당근을 돌려 담아 끓인다.
7. 끓으면 약 불에 10~15분 정도 뜸을 들인다. 뜸을 들일 때 준비한 굴을 위에 얹어 뚜껑을 닫아준다.

핵심포인트

1) 양념장 만들기

파, 마늘 다진 것 간장, 고추기름, 참기름, 고춧가루, 설탕, 깨소금을 넣어 만든다.

버섯전골(4인분)

재료

느타리버섯 100g, 팽이버섯 30g, 쇠고기 200g, 대파 1뿌리, 당근 50g, 만가닥버섯 50g
표고버섯 50g, 홍고추 1개, 새송이버섯 100g, 양파 1개
불고기양념 : 간장 1큰술, 물 5큰술, 설탕 1큰술, 참기름 1작은술, 참깨, 후춧가루 약간

만드는 법

1. 쇠고기는 슬라이스 해서 간장, 파, 마늘 다진 것 후춧가루, 깨소금, 참기름으로 양념을 한다.
2. 표고버섯은 불고기 양념에 재우고 팽이버섯은 뿌리를 잘라둔다.
3. 느타리버섯은 굵은 것은 반으로 찢어두고 새 송이버섯은 납작썰기 해 둔다.
4. 당근, 양파, 대파는 먹기 좋게 썰어둔다.
5. 전골틀에 양념한 고기를 가장자리에 담고 모든 재료를 돌려담는다.
6. 준비한 육수를 붓고 끓여낸다.

핵심포인트

1) 쇠고기는 불고기 양념을 해서 가장자리에 담고 버섯을 돌려담는다.
2) 소스를 찍어 먹게 개인 접시에 담아낸다.
3) 육수는 싱거운 듯 하고 소스는 간이 약간 세게한다.
4) 소스는 간장소스를 많이 쓰지만 겨자소스나 와사비소스를 만들어 쓸수도 있다.
5) 육수 또한 얼큰하게 하기 위해서는 고추장, 고춧가루를 사용할 수도 있다.

육수 만들기

※ 재료 : 간장 1컵, 물 5컵, 흑설탕 1/2컵, 마늘 1큰술, 물엿 3큰술, 양파 1/2개, 대파 1뿌리

※ 냄비에 위의 재료를 넣고 끓여 식혀두었다가 전골냄비에 부어준다. 버섯을 찍어 먹는 소스는 이와같은 방법으로 하되 약간 진하게 하면 된다.

한식 양식 중식

불고기(4인분)

재료

쇠고기(등심) 1kg, 양파 1개, 대파 1뿌리, 깨소금 1큰술, 배 1/2개, 마늘 200g, 참기름 2큰술, 후추가루 약간, 진간장 1컵, 흑설탕 3큰술, 물엿 1큰술, 물 5컵

****만드는 법****

1. 쇠고기는 등심으로 준비를 하여 슬라이스 한다.
2. 양파는 반으로갈라 슬라이스 한다.
3. 배는 믹서기나 민찌기에 갈아둔다.
4. 마늘은 곱게 다지고 대파는 어슷하게 썬다.
5. 냄비에 간장, 물, 흑설탕, 물엿을 넣고 1시간 이상 끓여 식힌다. 간장 끓일 때 배 껍질, 양파, 사과 등을 넣어 끓이면 좋다.
6. 끓여 식힌 간장에 슬라이스한 고기를 넣고 나머지 야채와 양념을 해서 자박하게 재워든다.
7. 팬에 고기 야채를 볶아 접시에 담아 잣가루를 뿌려낸다.
8. 숯불을 피워 불판에 구워먹으면 좋다

*****핵심포인트*****

불고기 간장양념은 약간 싱거운 듯이 끓여야 한다. 간이 딱 맞으면 볶거나 구웠을 때 짜지는 경향이 있다.

간장게장(4인분)

재료

꽃게 300g, 물 1컵반, 간장 1컵, 당귀 0.3g, 감초 0.5g, 황설탕 20g, 대파 1/4g, 홍고추 1개, 통마늘 2톨, 생강 20g, 황기 20g

만드는 법

1. 꽃게는 깨끗이 씻어서 바구니에 담아 물기를 뺀다.
2. 마늘, 생강, 홍고추, 풋고추는 얇게 어슷썰기 한다.
3. 냄비에 간장과 물, 나머지 재료를 넣고 중불에 30~40분 동안 끓여 식힌다.
4. 항아리에 게를 뒤집어서 차곡차곡 담고 끓여 식힌 간장을 붓는다.
5. 0℃ 에서 3일간 숙성시킨다.

핵심포인트

- 간장 끓이기

1) 간장은 은근히 끓여야 하며 숙성을 시킬 때 한번 끓여 부은 간장을 간장만 따라내어 다시 한번 끓여서 붓기를 반복적으로 세 번 정도 해 주면 좋다.
2) 게장을 담아 낼 때는 청양고추를 다져서 게 위에 뿌려주면 비린내가 없어진다.

양식

단 호박 수프

(Sweet Pumpkin Soup)

재료

단호박 1/4ea, 양파 1/3ea, 버터 1Tbsp, 밀가루 1Tbsp, 닭육수 30ml, 우유 50ml, 소금 약간, 설탕 1/2Tbsp, 백포도주 10ml, 생크림 30ml

만드는 법

1. 단호박은 반으로 잘라 숟가락으로 속과 씨를 긁어내고 겉껍질을 벗겨낸 다음 잘게 썬다.
2. 양파는 단호박 굵기로 채 썬다.
3. 냄비에 버터를 두르고 단호박과 양파를 넣어 볶다 버터와 밀가루를 넣어 함께 볶는다.
4. 양파와 단호박이 충분히 볶아지면 닭육수 3컵을 붓고 끓인 뒤 걸쭉해지면 고운체에 밭쳐 내린다.

5. 4.를 다시 냄비에 넣고 끓이다 우유를 서서히 부어 농도를 맞추고 소금, 흰 후춧가루를 넣고 간한 다음 생크림을 넣고 다시 한번 저어 끓인다.

핵심포인트

1) 루우(roux)가 들어가 바닥이 붙지 않게 유의한다.
2) 치킨스톡(chicken stock)이 없는 경우 육수로 대신한다.
3) 양이 많으면 루우(roux)를 사용하여 농도를 맞춘다.

양파 수프

(French Onion Soup)

재료

양파 2ea, 쇠고기 스톡 1liter, 바게트 브레드 2pice, 그리웨르 치즈 30g, 레드와인 30ml, 올리브 유 30ml, 소금, 후추, 파슬리

만드는 법

1. 양파는 반으로 잘라서 0.5cm 두께로 썬다.
2. 팬에 양파를 넣어 약한 불에 볶다가 레드와인 넣어가며 맛과 향을 내어 짙은 갈색의 어니언 패스트(onion paste)를 만든다.
3. 양파가 짙은 갈색이 되면 쇠고기 스톡을 붓고 자작하게 끓여 소금, 후추로 간을 한다.
4. 깊이 있는 내열용기에 수프를 8부 정도 채우고 미리 구워놓은 바게트 브레드를 위에 올린다.
5. 빵 위에 그리웨르 치즈를 올리고 예열해둔 250℃ 오븐에 치즈가 노릇해 지도록 구워내고 위에 파슬리를 뿌려낸다.

핵심포인트

1) 비프 콘소메(beef consomme)를 맑고 진하게 잘 만드는 것이 중요하다.
2) 어니언 패스트(onion paste)를 미리 다량으로 만들어 냉장고에 보관해 두고 사용한다.
3) 어니언 패스트(onion paste)를 만들 때 겉이 살짝 눌러 붙으면 레드 와인(red wine)을 조금씩 부으면서 달라붙은 엑기스를 긁어내서 태우지 않고 색을 낸다.

펍도우로 감싼 쇠고기 콘소메

(Fuff Dough Covered Beef Consomme)

재료 ☞ 15 liter기준

밀가루 1kg, 계란흰자 30ea, 버터 400g, 향신료(세이지, 다임, 타라건, 월계수 잎) 30g, 소금 20g, 비프스톡 20liter, 물 300ml, 쉐리와인 200ml, 쇠고기 갈은 것 10kg, 꼬냑 30ml, 미르뽀와 700g, 소금, 후추

만드는 법

1. 밀가루, 녹은 버터, 소금, 물을 넣고 반죽을 만들어 보관한다.
2. 양파, 당근, 샐러리는 줄리안(jullienne)으로 썰고 계란 흰자는 휘퍼로 거품을 만든다.
3. 양파, 당근, 샐러리와 향신료, 쉐리와인, 쇠고기 갈은 것, 거품으로 된 계란흰자를 넣고 골고루 섞는다.
4. 스톡 냄비에 비프 스톡을 먼저 넣은 다음 3.의 재료를 넣고 저어가며 중불에서 데우기 시작하며 끓인다.
5. 끓어 오르면 중앙에 구멍을 내어 순환이 잘 되도록 서서히 끓인 다음 물을 걷어낸다. 고운 체에 융을 바쳐 걸러낸 후 꼬냑, 소금, 후추를 넣어 완성한다.
6. 수프 볼에 끓인 콘소메를 일정하게 담고 볼 주위에 계란을 발라준다. 1.의 반죽을 0.3cm 뚜께로 밀어서 수프 볼에 덮을 정도로 성형을 한 다음 덮어서 돌아가며 접착을 시킨다.
7. 250℃ 오븐에서 갈색이 날 때까지 굽는다. 이 때 둥글게 부풀어 오른다.

핵심포인트

1) 맑게 은근한 불에 끓여 고운 체와 고운 융에 기름을 잘 걷어낸다.
2) 오븐(oven)에 들어가 도우(dough)가 타거나 구멍이 생기지 않게 주의한다.
3) 더욱 진하게 만들려면 완성 후 다시 한번 약한 불에 조려내면 더블콘소메가 된다.

한식 양식 중식

토마토와 모짜렐라 치즈 샐러드와 발사믹 비네거

(Tomato & Mozzarella Cheese Salad with Balsamic Vinaigrette)

재료

프레시 모짜렐라치즈 80g, 잘 익은 토마토 100g, 발사믹 식초 80ml, 소금, 후추 약간, 생바질 잎 1장

** 그린 샐러드 : 치커리 5g, 레드 치커리 5g, 롤라로사 5g, 물냉이 5g, 양상추 5g, 앤다이브 1장

****만드는 법****

1. 샐러드에 사용될 야채는 손질하여 찬물에 담가 놓는다.
2. 신선한 모짜렐라치즈를 원형으로 얇게 썰어놓고, 토마토는 1cm 두께의 원형으로 썬다.
3. 접시에 치즈와 토마토를 원형으로 겹쳐 돌려 담고, 물기 제거한 야채를 가운데 올려준다.
4. 모짜렐라치즈와 토마토에는 페스토, 그린 샐러드에는 발사믹 드레싱을 뿌려주고 채썬 바질과 잣으로 장식한다

*****핵심포인트*****

1) 특수 야채 외의 다른 야채로 응용한다.
2) 프레쉬 모자렐라 치즈는 유통기간이 길지 않으니 유의하고 잘드는 칼로 잘라야 치즈의 단면이 깔끔하다.
3) 토마토는 껍질을 벗겨서 사용한다.
4) 치프(cheif)의 컨셉에 따라서 원형이나 웨이지로 자르고 또는 속살을 파내서 사용하기도한다.

**발사믹 드레싱(balsamic dressing) = 발사믹 식초 1Ts, 양겨자1ts, 올리브 오일 3Ts, 꿀 1Ts, 갈은 통후추, 소금

**바질 페스토(pesto) = 잣 45g, 신선한 바질 60g, 마늘 3ea, 올리브 오일 100ml, 파마산 치즈 60g, 발사믹 식초 40ml, 소금, 후추

컨트리 치킨 샐러드와 오렌지 드레싱
(Cuntry Chicken Salad & Orange Dressing)

재료

닭 가슴살 200g, 양파즙 1Tbsp, 화이트 와인 1Tbsp, 소금, 후추가루, 양상추 1/2ea, 치커리 5g, 메추리알 2ea, 방울 토마토 3ea, 블랙 올리브 3ea, 당근 5g, 오이 5g, 라디치오 5g, 레디시 1ea, 비트 약간

**오렌지드레싱 80ml

****만드는 법****

1. 닭 가슴살은 씻어서 물기를 제거 후 양파즙, 화이트 와인, 올리브유, 파프리카, 소금, 후추로 밑간을 하여 둔다.
2. 양상추와 라디치오, 치커리, 적채, 오이, 당근, 레디시, 비트 등을 잘 다듬어 찬물에 담가둔다.
3. 메추리 알은 삶아 껍질을 까두고, 오렌지는 살을 발라 섹션으로 3개정도 해둔다.
4. 팬에 버터를 두르고 닭 가슴살을 익혀 0.5cm 간격으로 어슷하게 썬다.
5. 접시에 야채와 메추리알, 방울토마토, 블랙올리브, 오렌지 섹션을 장식하고 구운 닭 가슴살을 얹는다.
6. 오렌지드레싱을 곁들여 낸다.

*****핵심포인트*****

1) 닭 가슴살을 다듬어 우유에 살짝 재워 비린 냄새를 없애는 방법도 있다.
2) 닭 가슴살을 팬에 구워 타지 않게 한다.
3) 얇게 자를 때 닭 가슴살의 모양이 부스러지는 경우가 있다.
4) 계절에 어울리는 다양한 야채를 사용한다.

오렌지 드레싱

오렌지쥬스 2개, 식초 2Tbsp, 올리브유 2Tbsp, 설탕 1Tbsp, 레몬즙 15ml, 오렌지살 1/4개, 다진양파 1ts, 소금

한식
양식
중식

케이준 새우 샐러드와 핫 베이컨 머스타드 소스

(Cajun Shrimp Salad & Hot Bacon Mustard Sauce)

재료

칵테일 새우 10ea, 양상추 50g, 체리토마토 3ea, 메추리 알 3ea, 블랙 올리브 3ea, 레디쉬 1ea, 청겨자 1ea, 홍피망 1/4ea, 적채 10g, 파슬리 1tsp, 달걀 1ea, 빵가루 4Tbsp, 밀가루 4Tbsp, 파프리카 1tsp, 생바질 잎 2장, 케이엔 페퍼 1tsp, 식빵 1pice, 핫베이컨 머스타드소스 50ml

만드는 법

1. 새우는 손질하여 소금, 후추, 화이트 와인으로 밑간을 해둔다,
2. 볼에 빵가루, 녹말가루, 밀가루, 파슬리가루, 바질, 소금, 케이엔 페퍼, 파프리카를 넣어 고루 섞는다.
3. 1.의 새우를 달걀 물에 충분히 담갔다가 2.의 케이준 가루에 묻혀 튀김기름에 바삭하게 튀겨 건져 놓는다.
4. 양상추와 야채를 체에 받쳐 물기를 뺀후 접시에 담고 위에 새우 튀긴것, 메추리알, 체리토마토, 식빵 구운것, 블랙올리브, 레디쉬 등을 올려 장식하고 드레싱 곁들여 낸다.

핵심포인트

1) 새우는 케이준 가루에 묻혀 튀겼다가 잠시두고 제공시 다시 한번 바삭하게 튀겨 낸다.
2) 여러가지 특수야채와 가니쉬(garnish)를 사용하여 기호에 맞는 샐러드를 구성해 본다.
3) 베이컨의 기름을 바삭하게 빼지 않으면 삶은것 같으니 은근한 불에 타지 않게 기름을 잘 빼야한다.

핫 베이컨 머스타드 소스 만들기

① 베이컨과 양파를 곱게 다진다.
② 프라이팬에 베이컨을 볶다가 기름이 나오면 양파를 넣어 볶는다.
③ 물을 부어 끓이다가 녹말 물을 풀어 걸쭉해지면 식힌다.
④ 마요네즈, 식초, 청겨자를 넣고 고루 섞어 드레싱을 만든다.

한식 양식 중식

허브 크러스트를 씌운 양갈비와 프로방샬 소스

(Herb Crusted Rack of Lamb with Provencal Sauce)

재료

양겨자 약간, 로즈마리 약간, 다임 약간, 올리브오일 약간

양고기 마리네이드(Lamb Marinade) : 양고기 갈비살 220g, 로즈마리 약간, 다임 약간, 올리브오일 약간, 갈은 통후추 약간

허브 크러스트(Hurb Crust) : 빵가루 150g, 파마산 치즈 가루 70g, 로즈마리 10g, 다임 10g, 파슬리 20g, 올리브오일 30ml, 소금, 후추 약간

만드는 법

1. 오븐을 180℃로 예열하여 놓은 뒤, 팬을 가열한 후 올리브 오일을 두르고 마리네이드한 양고기 갈비살의 겉표면을 갈색이 나도록 구워준다.
2. 1.에 양겨자를 고루 바르고 만들어 놓은 허브크러스트를 고기 윗부분에 충분히 덮어 예열해둔 오븐에 약15분간 미디엄으로 구워 2~3조각으로 썰어준다.
3. 준비된 접시에 곁들임 야채를 놓고 2.의 양갈비를 가지런히 세워 놓은 다음 프로방샬소스를 알맞게 뿌리고 신선한 로즈마리와 다임으로 가니쉬하여 서빙한다.

핵심포인트

1) 양갈비를 뼈쪽의 기름과 힘줄을 제거해 준다.
2) 굽고 나온 기름과 육즙을 다른 팬에 옮겨 적포도주를 넣고 1/3로 졸인 후 그라스 비안을 넣어 농도를 조절하고 소금, 후추로 간하며 소스를 만든다.
3) 굽고 난후 양갈비를 따뜻한 곳에 5분정도 휴거시키면 육즙이 고루 살 전체에 퍼진다.

Rock of Lamb Marinade

① 양고기 갈비살의 지방과 뼈에 붙은 살을 깨끗하게 제거하여 놓는다.
② 신선한 로즈마리와 다임을 다져 올리브오일, 소금, 갈은 통후추를 섞어서 1.의 양고기 갈비살에 고르게 묻혀놓는다.

Herb Crust

① 신선한 로즈마리, 다임, 파슬리를 다져 놓는다.
② 볼에 알맞은 양의 빵가루, 파마산치즈가루, 올리브오일과 ①의 허브와 소금, 후추를 넣어 고르게 섞어준다.

거위간을 곁들인 안심 스테이크

(Tenderloin Rossini)

재료

안심 140g, 거위간 40g, 마늘 5g, 노란피망 20g, 붉은피망 20g, 느타리버섯 30g, 로즈마리 2g, 밀가루 70g, 계란 1ea, 시금치 40g, 글라스 비안드 40ml, 샬롯 10g, 버터 30g, 적포도주 40ml, 브랜디 20ml, 백리향 2g, 소금, 후추 약간

만드는 법

1. 안심은 원형으로 형태를 만들어 소금, 후추, 올리브오일을 발라준다.
2. 밀가루를 체에 내려 시금치 즙, 계란을 이용하여 그린누들과 에그누들 2종류의 반죽을 해 면보에 덮어둔다.
3. 안심은 팬에서 중불로 구운 다음 오븐에서 미디움(medium)으로 익힌다.
4. 피망은 그릴에 굽고, 느타리 버섯은 버터에 볶아 소금 후추로 가미한다.
5. 2.를 밀어 두께 1mm, 폭 5mm로 썰어 삶아 찬물에 식혀 준비하고 통마늘은 소금, 후추를 뿌려 오븐에서 굽는다.
6. 거위간에 소금, 후추, 밀가루를 고루 묻힌 후 센불에서 앞 뒷면을 황금색으로 구운 후 브랜디로 후람베한다.
7. 팬에 버터를 녹이고 샬롯찹을 볶다가 레드와인을 넣고 1/2로 조린 후 글라스 비안드를 넣고 졸인 다음 걸러서 소스를 만든다.
8. 접시 중앙에 볶은 누들을 놓고 위에 스테이크와 거위간을 올리고 더운 야채를 곁들인 후 소스를 올려 완성한다.

핵심포인트

1) 안심은 처음 굽는 표면의 컬러(color)를 잘내어 제공시 접시 위로 올린다.
2) 낮은 온도에서 구우면 고기 속의 육즙이 밖으로 흘러나와 질겨지고 풍미가 떨어진다.
3) 여러가지 가니쉬(garnish)를 이용하여 창작을 한다.

한식
양식
중식

랍스타 텔미도르

(Lobster Thermidor)

＊재료＊

바닷가재 850g, 양송이 3ea, 양파 20g, 레몬 1/3ea, 모짜렐라치즈 30g, 화이트 와인 10ml, 생크림 20ml, 머스타드 1tsp, 소금, 후추 약간, 파슬리 1g

만드는 법

1. 바닷가재를 손질하여 끓는 물에 데쳐 길이로 반을 자르고 껍질과 살을 분리한다.
2. 살은 먹기좋은 크기로 썰어 소금, 후추 양념을 하여두고, 양송이는 다이스로 썰고, 양파는 부르노아로 썬다.
3. 팬에 버터를 넣고 양파 볶다가 양송이와 가재살을 넣고 소금, 후추, 화이트 와인을 넣고 졸인다.
4. 생크림, 머스터드를 넣어 맛을 내어 졸인 후 껍질에 채워 올린 후 모짜렐라치즈를 올려 살라만더에서 색을 내서 파슬리 다진 것을 뿌려 접시에 담아낸다.
5. 가재옆에 볶음밥과 레몬, 토마토, 보일드 포테이토 등 가니쉬를 곁들여 낸다.

핵심포인트

1) 홀린다이스 소스를 만들어 색을 내는데 보관상의 번거로움과 노른자의 비기호로 시대의 흐름에 따라 화이트 소스와 모짜렐라 치즈를 이용하여 만들어 내기도 한다.
2) 고객이 원하는 그릴(grill)이나 칠리소스(chili sauce) 또는 기타 다른 소스를 곁들여 내기도 한다.
3) 가재 꼬리 지느러미 가운데에 내장이 있으니 잘 제거 한다.
4) 집게 발의 껍질을 고객이 먹기 좋게 가위로 제거해서 굽는다.

※ 원가(cost)관리상 뿔 바닷가재를 사용하는 경우도 있는데, 간혹 뿔 바닷가재는 가재가 아니라고 불평하는 고객도 있으니 바닷가재의 종류를 인지하고 있어야 함.

한식 양식 중식

바다가재와 안심

(Lobstar and Beef Tenderloin)

재료 ☞ 10 liter기준

바닷가재 1/2ea, 안심 140g, 양파 20g, 양송이 2ea, 화이트 와인 1Tbsp, 머스타드 1Tbsp, 생크림 1Tbsp, 레몬주스 1/2Tbsp, 모짜렐라치즈 80g, 소금, 후추, 양송이소스 50ml

만드는 법

1. 바닷가재를 손질하여 길이로 1/2로 자른 후 살을 꺼내서 큰 다이스로 썰고, 팬에 다진 양파를 볶다가 가재살과 슬라이드한 양송이를 넣고 볶다가 화이트 와인을 뿌리고 소금, 후추 간을 하고 생크림, 머스터드, 레몬 쥬스로 맛을 낸다.
2. 가재껍질은 크루 부용에 삶아두었다가 껍질 속에 재료를 채우고 위에 모짜렐라 치즈를 뿌리고 살라만더에서 색을 낸다.
3. 안심은 소금, 후추 간을 하여 팬에 앞뒤로 구운 후 오븐에서 속 까지 익힌 후 접시에 담고 소스 뿌린다.
4. 색을 낸 바닷가재를 안심 옆에 놓고, 위에 파슬리 가루 뿌리고 옆에 야채를 곁들여 낸다.

핵심포인트

※ 고객은 일품메뉴보다 고루 먹을 수 있는 Combi형의 Menu를 선호한다.

1) 가재살은 조심히 꼬리쪽부터 살을 발라내어 큰 다이스로 잘라낸다.

2) 껍질과 머리부분의 이물질을 깨끗이 씻어낸다.

3) 안심은 미디움으로 굽는다.

매운맛 바비큐 소스의 돼지갈비

(Pork Lib with Hot Barbecue Sauce)

재료

돼지 등갈비 650g, 레몬 쥬스 1/2ea, 레드 와인 50cc, 옥수수 30g, 고구마 1ea, 피클 20g, 핫 바비큐 소스 100ml

**허니 머스타드 소스 30ml, 칠리 소스 30ml

만드는 법

1. 갈비를 3시간 정도 물에 담가 핏물을 빼고 갈비 안쪽의 껍질을 제거하고, 뼈사이에 피를 손으로 눌러 제거한다.
2. 분무기에 레드와인과 레몬쥬스 섞어 넣어 1에 뿌리면서 오븐에서 초벌구이 하면서 냄새를 제거한다.
3. 핫 바비큐소스를 만들어 160℃ 오븐에 10분 동안 구운 다음, 꺼내서 다시 소스를 바르고 뒤집어서 소스를 바르고 5분정도 다시 굽고, 꺼내서 소스를 발라 다시 굽는다.

핵심포인트

1) 갈비뼈 사이를 손으로 눌러 피가 나오도록 제거한다.
2) 오븐 또는 장작가마에 구으면서 흘러나오는 핏물을 제거하여 끈다.
3) 즉석에서 구울때는 시간이 많이 걸리니 초벌을 해두고 립소스를 만들어 립과 같이 담아 저장해 두고 사용한다.

**garnish

옥수수, 구운바나나, 고구마 스킨, 피클, 젤라피노 등을 기호에 따라 곁들인다.

**핫 바비큐 소스

버터 1Tbsp, 마늘 1Tbsp, 양파 2Tbsp, 케첩 1ml, 사과 1ea, 애플사이다 비니거 1C, 물엿 1/2C, 레드 벨 페퍼 1/2Tbsp, 칠리파우더 1Tbsp, 레드 페퍼 플레이크 1/2Tbstp, 리퀴드 스모크 1Tbsp, 케이엔 페퍼 1/4Tbsp, 타바스코 소스 1/2Tbsp, 설탕 2Tbsp, 후추 1/4Tbsp

**칠리 소스

마늘, 양파, 버터, 케첩, 타바스코 소스, 우스타 소스, 레몬 쥬스, 설탕, 식초

**허니 머스타드 소스

머스타드, 꿀, 마요네즈, 생크림

바비큐 폭립 & 독일식 모듬 소시지

(B.B.Q Pork Ribs with Combination Sausage)

재료

베이비 폭립 600g, 양파 1/4개, 생강 15g,마늘 30g, 올리브오일 2Tbsp, 버터 2Tbsp, 마늘 30g, 토마토 홀 2ea, 토마토케첩 1ml, 꿀 50ml, 레몬즙 30ml, 물엿 1/2ml, 고추장 3Tbsp, 레드와인 50ml, 케이엔 페퍼 2Tbsp, 월계수잎 2pice, 브라운슈거 3Tbsp, 발사믹식초 3Tbsp, 간장 2Tbsp, 에스프레소커피 1/3ml, 모듬 소시지 5개, 허니머스타드 소스, 칠리소스, 통감자 2개, 샤워크림 20g, 샐러드 50g, 오이피클 30g, 젤라피노 20g

만드는 법

1. 돼지갈비는 찬물에 담가 2시간 정도 핏물을 뺀 후 안쪽에 얇은 막을 제거시킨다. 편으로 썬 생강, 채썬 양파, 소금을 넣고 끓인 물에 찜기를 올려놓고 15분간 찐다. 돼지갈비는 한김 식혀 물기를 제거한다.
2. 올리브오일 1Tbsp을 넣고 약불에서 다진 마늘, 다진 양파를 볶다가 나머지 재료를 넣고 약불에서 농도가 되직해질 때 까지 뚜껑을 열고 끓인다.
3. 핏물이 제거된 돼지 갈비에 190℃로 예열시킨 오븐에서 소스를 발라 윗면을 10분 굽고 소스를 발라 뒤집어 10분 더 굽는다.
4. 독일식 모듬 소시지는 끓는 물에 월계수 잎, 넉맥, 양파, 샐러리, 통후추, 레몬, 소금을 넣고 데쳐낸 후 물기를 제거하여 석쇠에서 색이 나게 구워낸다.
5. 오븐에서 구워낸 바비큐폭립과 그릴에 구운 모듬소시지를 접시에 담고, 통감자와 샐러드, 오이피클, 젤라피노, 허니머스타드 소스, 칠리소스로 치장한다.

핵심포인트

※ 조제맥주의 인기로 독일식 수제 소세지와 그릴에 구운 바베큐 요리가 자리 잡고 있다.

1) 어린 돼지 등갈비와 수제 소세지는 자체 고기 특유의 냄새를 제거해 주는 것이 중요하다.
2) 선택하여 찍어 먹을 수 있는 딥소스를 만들어 제공한다.
3) 곁들이로 옥수수와 고구마 또는 메쉬드 포테이토, 기타 해산물을 곁들여 내기도 한다.

한식 양식 중식

빠엘라(스페인식 해물밥)

(Paella)

재료

불린쌀 2cup, 새송이 10g, 마늘 2tsp, 양파 10g, 브로콜리 10g, 홍피망 10g, 완두콩 30g, 닭 가슴살 20g, 올리브 오일 2Tbsp, 화이트 와인 20cc, 토마토 콘카세 20g, 오징어 1ea, 새우(중하) 4ea, 홍합 8ea, 모시조개 8ea, 닭육수 1cup, 월계수잎 2pice, 샤프랑 2g, 소금, 후추

만드는 법

1. 닭 가슴살은 어슷하게 자르고, 오징어, 조개, 홍합은 다듬어 놓는다. 새우는 머리, 껍질을 제거하여 다듬어둔다.
2. 마늘과 양파는 잘게 다지고 홍 피망, 브로콜리, 새송이는 주사위 크기로 썬다.
3. 코팅된 냄비에 올리브 오일을 두르고 마늘, 양파를 볶다가 닭가슴살, 새우, 홍합, 모시조개, 오징어를 넣어 볶다가 화이트와인으로 냄새를 날리고, 물기를 뺀 쌀을 넣고 볶다가 닭육수와 샤프랑을 넣고 계속 저어주면서 쌀이 어느 정도 익으면 간을 하고 토마토, 야채를 넣고 뚜껑을 덮고 15분가량 뜸을 들인 다음 완성한다.

핵심포인트

※ 간혹 생소하여 샤프랑의 색소를 사용하여 인위적으로 물들인 것을 싫어하는 고객이 있다.

※ 갑각류의 껍질을 이용하여 해물소스를 만들어 사용하기도 한다.

1) 냄비 코팅을 잘하는 것이 Point. 코팅이 안되어 있으면 쌀과 재료들이 냄비 옆에 달라 붙어 찢어진다.

2) 파란 색의 야채는 고온에서 색이 금방 변한다.

그릴드 시푸드 & 발사믹 소스, 토마토 살사

(Grilled Seafood with Balsamic and Tomato Salsa)

＊재료＊

바닷가재 꼬리 1/2ea, 연어 50g, 도미 50g, 중하 2ea, 가리비 2ea, 중합 2ea, 브로콜리 10g, 감자 메쉬 10g, 체리 토마토 3ea, 아스파라거스 1ea, 오렌지 웨이지 2ea, 레몬 웨이지 1ea, 토마토 살사 50ml, 발사믹 소스

만드는 법

1. 바닷가재, 연어, 도미, 중하, 가리비, 중합은 잘 다듬어 레몬쥬스, 올리브유, 화이트 와인에 재워 소금, 후추를 뿌려 그릴에 모양이 나도록 굽는다.
2. 감자는 껍질째 쪄낸 후 껍질 벗겨 으깬 후 생크림, 버터를 넣고 소금과 후추로 간을 한다.

   브로콜리와 아스파라거스, 체리토마토는 버터 물에 데쳐내고, 브로콜리는 팬에 살짝 볶아 간을 한다,
3. 접시 가운데 메쉬 포테이토를 담고 위에 돌려가며 구워둔 해산물을 올리고, 야채와 오렌지, 레몬 웨이지로 장식하고 주위에 토마토 살사 소스를 곁들인다.

핵심포인트

1) 그릴(gril)에 해산물이 달라 붙어 모양 떨어지니 코팅을 잘해 두어야 한다.
2) 오래 구우면 해산물이 질겨지므로 오븐 요리(over cooking)에 주의 한다.
3) 해산물의 표면에 그릴 모양이 나도록 한다.

**발사믹 소스

발사믹 식초 200ml, 올리브 유 1Tbsp, 설탕 1Tbsp

**토마토 살사

토마토 콘카세, 검은 올리브, 케이퍼, 피클, 젤라피노, 양파, 발사믹, 올리브오일, 레몬쥬스, 화이트 와인, 통후추,

야채와 해산물 그라탕

(Vegetable & Seafood Glatine)

재료 ☞ 10 liter기준

오징어링 30g, 홍합 깐 것 5ea, 홍합 껍질 있는 것 4ea, 중하 3ea, 깐새우 10g, 관자 1ea, 모시조개 3ea, 양송이 2ea, 브로콜리 10g, 컬리플라워 10g, 홍피망 5g, 베이비콘(통조림) 3ea, 당근 5g, 간마늘 2tsp, 화이트 와인 10cc, 파슬리 다진 것 1tsp, 소금, 후추, 다진 양파 2Tbsp, 올리브유 2Tbsp

**화이트 소스 150ml

만드는 법

1. 해산물을 다듬어 준비해 둔다.
2. 야채를 다듬어 데쳐 놓는다.
3. 냄비에 올리브오일과 버터를 두르고 다진마늘, 다진양파, 넣어 향을 내고 해산물, 모시조개, 홍합, 중하, 오징어, 관자순으로 볶다가 화이트 와인을 넣어 향을 내고, 데쳐놓은 야채를 넣고 다시 볶는다.
4. 준비해 놓은 베샤멜 소스를 1국자 넣어 간을 한 후 볶으면서 농도를 낸다.
5. 그라탕 볼에 야채와 해산물을 보기좋게 담고 소스를 올린 후 모짜렐라 치즈를 올리고 오븐에 구워낸다.
6. 위에 파슬리 찹과 파프리카, 체리토마토 4등분하여 올린다.

핵심포인트

1) 해산물과 야채가 많으면 색이 탁해지므로 유의한다.
2) 화이트 와인을 충분히 넣어 잡냄새를 날려 보낸다.
3) 베샤멜 소스의 농도를 너무 되지 않게 조절한다.
4) 오븐(oven)에 250℃ 정도로 예열하여 색을 낸다.
5) 담백하나 느끼 할 수도 있다.

화이트 소스

녹인 버터에 밀가루 넣어 타지 않게 볶다가 우유, 생크림, 소금, 후추 넣어 간을 한다.

한식

양식

중식

이따리아노 스테이크

(Italiano Steak)

재료 ☞ 10 liter기준

쇠고기 안심 160g, 그린 패투치니 40g, 마늘 1Tbsp, 양파 10g, 피망 10g, 양송이 10g, 브로콜리 20g, 토마토 콘카세 1Tbsp, 파슬리 찹 1g, 모짜렐라 치즈 20g, **토마토 소스 20g

만드는 법

1. 쇠고기 안심을 올리브 오일, 소금, 후추 뿌려 팬에 미디움 정도로 구워놓는다.
2. 올리브 오일에 마늘과 양파, 피망, 양송이, 브로콜리를 볶다가 그린 누들을 넣어 볶아 간을 하여 접시에 담는다.
3. 스테이크 위에 토마토 혼쥬를 올리고, 모짜렐라 치즈를 잘라 올려 살라만더에서 색을 낸 다음 파슬리와 토마토 콘카세를 올려 마무리 장식한다.

핵심포인트

1) 안심을 미디움이나 고객이 원하는 스타일로 굽는다.
2) 그린 누들 또는 페투니치를 볶아 낸다.
3) 피망은 그릴에 구워 봉지에 담아 잠시 두면 수분이 생겨 껍질을 벗기기가 쉽다.
4) 치즈는 두툼하게 슬라이스하여 안심 위에 올려 살라만더에서 치즈가 살짝 놓을 정도만 올린다.
5) 치즈가 녹으면 파슬리 찹을 듬뿍 올린다.

피자욜라 소스

토마토 소스에, 청 · 홍피망 불에 구워 껍질제거한 것, 양파, 엔초비, 검은 올리브, 마늘, 파슬리, 되직하게 졸인 후 소금, 후추

한식 양식 중식

치즈와 햄을 넣은 닭고기 꼬르동블루

(Steffed Cheese and Ham in Chicken)

재료

닭 가슴살 60g, 모짜렐라치즈 20g, 페파로니 20g, 머스타드 10g, 밀가루, 빵가루 약간, 계란 2ea, 소금, 후추, 브로콜리 10g, 새송이 10g, 양송이 소스 20ml, 칠리 소스 20ml

만드는 법

1. 닭 가슴살을 펼쳐 화이트 와인과 소금, 후추 간을 해두고 머스타드 소스를 바르고, 모짜렐라 치즈, 페파로니를 넣어 말아서 밀가루, 계란, 빵가루, 파슬리가루를 입혀 튀겨낸다.
2. 식힌 후 썰어 장식하고 브라우닝 소스 뿌려낸다.
3. 고구마 스킨과 새송이, 브로콜리등을 곁들이고 허브로 장식한다.

핵심포인트

1) 닭가슴살이 안익은 경우가 있으니 참조한다.
2) Cordon Blue를 만든 후 바로 자르지 말고 잠시 두었다가 컷팅 한다. 바로 자르면 치즈가 모두 밖으로 흘러 나온다.
3) 모짜렐라 치즈와 햄대신 페퍼로니와 시금치를 채워 넣기도 한다.

양송이 소스

팬에 버터를 두르고 다진 마늘, 양송이, 양파, 색이나게 볶다 졸인 후 레드와인, 생크림, 브라운 소스 첨가

한식 양식 중식

비가라드소스와 토마토살사를 곁들인 오리가슴살 요리

(Broiled Duckling Breast with Bigarade Sauce)

재료

오리가슴살 150g, 양파 30g, 셀러리 20g, 당근 20g, 소금, 후추, 버터 약간, 오렌지 1ea, 오렌지 주스 2ml, 꿀 2Tbsp, 그라스 비앙 2Tbsp, 레드와인 30ml, 생크림 2tsp, 토마토 살사 1Tbsp

****만드는 법****

1. 오리가슴살(duck breast)을 소금, 후추를 뿌려 간을 한 다음 버터와 올리브 오일 두른 팬에 껍질부터 표면을 색이 나게 구운다.
2. 오븐팬 바닥에 양파, 당근, 셀러리 등 향신 야채를 슬라이스 하여 깔은 후 구운 오리가슴살을 올려 250℃에서 7분정도 구워 따뜻한 곳에 잠시 둔다.
3. 오렌지 주스를 팬에 넣고 1/3로 졸인 다음 그라스 비앙을 넣고, 레드와인, 생크림, 꿀, 버터를 넣어 부드럽게 맛을 내고 소금, 후추 간을 하여 오렌지 소스를 완성한다.
4. 오렌지는 껍질을 벗겨 살은 섹션으로 잘라 버터 두른 팬에 살짝 굽고, 겉껍질은 슬라이스하여 끓는 물에 데쳐내어 제스트를 만든다.
5. 접시에 구운 오리가슴살을 슬라이스 하여 가지런히 돌려 담고, 한쪽에 오렌지 섹션 구운 것과 로즈마리를 올리고, 오렌지 제스트를 한쪽에 올린 후 옆에 토마토 살사를 곁들여 낸다.

*****핵심포인트*****

1) 오리 가슴살을 껍질부터 구워 표면에 색이나도록 구운다.
2) 굽고난 후 바로 썰지 말고 5분가량 따뜻한 곳에 두었다 컷팅한다.
3) 오렌지 소스를 곁들여 내기도 한다.

토마토 살사

토마토 콘카세, 양파, 케이퍼, 통후추, 청 홍피망, 오이피클, 올리브 오일, 레몬주스, 설탕, 발사믹

솔잎 향을 넣은 바닷가재 찜요리

(Steamed Lobster and Flavored Pine)

재료

바닷가재 2마리(2kg), 월계수 잎 2장, 솔잎 20g, 레몬 1ea, 화이트와인 50ml

소스 : 타바스코 소스 20ml, 머스타드 소스 30ml, 칠리 소스 30ml

만드는 법

1. 바닷가재를 소금물과 솔을 이용하여 깨끗이 씻어준다. 꼬리 안쪽에 노폐물을 제거 한다.
2. 큰 냄비에 소금물을 1/5 정도 채우고, 월계수 잎, 솔잎을 넣어 물을 끓인다.
3. 솔잎향이 베인 물이 끓으면 찜용 받침대를 깔고, 바닷가재를 넣고 레몬과 화이트 와인을 넣고 20분정도 찐다.
4. 바닷가재가 밝은 적색이 되면 잘 익은 상태이므로 꺼내 접시에 담아낸다.
5. 바닷가재에 레몬즙을 뿌려 칠리소스나 타바스코 소스, 또는 머스타드 소스에 찍어 먹으면 더욱 맛있다.

핵심포인트

1) 바닷가재의 잡 냄새를 없도록 하기 위해서 준비된 월계수 잎(2~3), 솔잎 조금, 얇게 자른 레몬 2개 그리고 화이트 와인 2tsp 넣는다.
2) 바닷가재 가위와 망치를 이용하여 살이 부서지지 않게 껍질을 조심스럽게 잘라 낸다.
3) 바닷가재 주위에 같이 곁들여 먹을 수 있는 가니쉬(garnish)를 준비한다.

도리아풍의 치킨 그라탕

(Doria Style Chicken Glatine)

재료

쌀 1/2C, 양파 1/4개, 당근 5g, 청, 홍피망 10g, 양송이 3개, 닭가슴살 1개, 소금, 후추, 타바스코 1tsp, 모짜렐라 치즈 50g, 파슬리 찹 약간, 체리토마토 1개, 간 마늘 1tsp 버터 1Tbsp, 밀가루 1Tbsp, 우유 20ml, 생크림 1/2ml, 치킨 베이스 1tsp

만드는 법

1. 쌀은 미리 불려 물기를 빼둔다.
2. 코팅된 자루냄비에 양파와 버터를 넣고 쌀을 볶다가 물을 부어 졸인 후 쿠킹호일을 씌워 버터라이스를 만든다.
3. 팬에 버터를 두르고 간마늘, 양파 잘게 자른 닭가슴살, 청, 홍피망, 양송이를 넣어 볶다가 버터라이스를 넣고 타바스코, 소금, 후추하여 맛을 낸다.
4. 볼에 담고 위에 크림소스를 뿌리고 모짜렐라 치즈를 올려 살라만더에서 치즈를 녹인 후 위에 파슬리 찹, 체리 토마토를 올려 낸다.

핵심포인트

1) 쌀을 30분 이상 충분히 불려 물기를 빼둔다.
2) 냄비 코팅을 잘해 두어야 한다.
3) 닭고기 냄새가 나지않게 화이트 와인을 뿌려준다.
4) 크림 소스의 농도를 약간 묽게 한다.
5) 소스나 치즈로 담백하나 느끼할 경우가 있다.
6) 뒷맛이 깔끔한 다른 소스를 첨가하여 사용해도 된다(타바스코, 해물소스 등).

화이트 소스

팬에 버터 1Tbsp, 밀가루 1Tbsp 넣어 색이 않나게 볶다가 우유 1C, 생크림 1C, 치킨베이스, 흰후추

해산물 피자

(Seafood Pizza)

재료

피자 도우 200g, 피자 소스 60g, 모짜렐라 치즈 100g, 오레가노 1g, 검은 올리브 2ea, 올리브 유 20ml, 그린 피망 1/2ea, 레드 피망 1/2ea, 양파 10g, 백포도주 30ml, 갑오징어 20g, 새우 30g, 바지락 50g, 홍합 50g, 마늘 2tsp, 생바질 잎 2장, 소금, 후추

만드는 법

1. 바지락은 소금물에 담가 하루정도 해감시키고, 홍합은 털을 제거하고, 오징어는 내장을 제거하여 칼집을 넣어 5cm길이로 잘라둔다. 새우는 내장을 제거하고 껍질을 벗겨 준비해 놓는다.
2. 팬에 올리브유를 두르고 으깬 마늘을 넣어 볶아 향을 낸뒤 준비해둔 해산물을 볶다가 바질, 파슬리 다진것과 같이 볶으면서 백포도주를 넣고 졸여 소금, 후추 간을 한다.
3. 도우를 깐후 소스를 바르고 치즈를 약간 올린후 양파, 양송이, 검은 올리브, 피망을 올리고 해산물 볶은것을 고루 펼쳐 올리고 치즈를 올려 320~350℃의 오븐에서 구워낸다.

핵심포인트

1) 도우 위에 해산물과 야채가 많이 올라가면 수분이 생겨 도우와 치즈가 떨어지는 경우가 있다.
2) 도우에 포크나 롤러로 구멍을 내어 가스를 빼준다. 가스를 빼주지 않으면 구울 때 피자의 수평이 울퉁불퉁 부풀어 오른다.

도우 만들기

① 우유를 30℃에 설탕, 소금, 올리브오일, 생 이스트 넣어 숙성시킨다.
② 밀가루 곱게 체에 쳐서 볼에 담고, 우유가 거품이 일기 시작하면 반죽한다.
③ 랩에 싸서 냉장고에 넣어 2시간 숙성시켜 가스를 빼준다.

살라만더에 구운 광어와 바질 크림소스

(Salamander Halibut with Basil Cream Sauce)

재료

광어 80g×2ea, 샐러드 오일 10ml, 레몬주스 5ml, 화이트 와인 10ml, 바질소스 50ml, 당근 5g, 생크림 20ml, 생바질 잎 1장, 애호박 5g, 버터 5g, 소금, 후추

만드는 법

1. 광어는 80g으로 2쪽을 준비해서 레몬주스, 와인, 기름을 바르고 소금, 후추해서 그릴에 색을 낸 후 오븐에 넣는다.
2. 익으면 다시 꺼내서 바질 페스토를 발라준다.
3. 베샤멜 소스에 크림과 바질을 넣고 갈아서 고운 체에 걸러 바질 크림 소스를 완성한다.
4. 당근, 애호박은 스쿠프로 파서 삶아 버터에 넣고 글레이징 한다.
5. 바질 페스토(바질, 구운 잣, 마늘, 올리브오일을 갈아 소금, 후추를 넣어 준다)를 발라준 광어는 살라만다에 넣어 색을 낸다.
6. 접시에 소스를 뿌리고 광어와 야채를 놓는다.
7. 바질을 올려 완성한다.

핵심포인트

1) 직화로 굽기 때문에 금방 탈 염려가 있고, 살이 떨어지니 주의할것!
2) Garnish로는 뒷맛이 개운하고 깔끔한 것으로 선택을 해 본다.
3) 살라만더 사용시 컬러(color)에 유의할 것.

한식 양식 중식

쇠고기 카르파쵸와 바질 무슬린

(Beef Carpaccio with Basil Moussline)

재료 ☞ 10 liter기준

쇠고기 안심 80g, 파머산 치즈 30g, 야채부케 1ea, 아루굴라 10g, 송이버섯 10g, 크레송 10g, 발사믹 드레싱 30ml, 발사믹 식초 30ml, 바질 100g, 소금, 후추

****만드는 법****

1. 접시에 바질 무스린을 동그란 모양으로 짜 놓는다 (바질 무스린은 마요네즈에 바질과 발사믹 식초를 넣고 갈아주면 된다).
2. 안심은 살짝 얼어있는 상태에서 슬라이스 머신을 이용하여 5~6쪽 썰어 담는다.
3. 안심 위에 소금, 후추를 살짝 뿌려준 후에, 만들어 놓은 허브 부케를 놓아 준다.
4. 마요네즈에 트러플 기름과 머스타드를 넣고 소금, 후추를 한 다음 트라플 다진 것, 닭 육수로 넣고 농도를 조절하여 소스를 만든다.
5. 트러플 무스린을 안심위에 뿌려 준 후에 아루굴라를 쥴리엔으로 썰어 올리고 파머산 치즈를 올려준다.
6. 야채위에 발사믹 드레싱을 뿌려준다.

핵심포인트

1) 안심(tenderlion)은 싱싱한 것으로 준비해 둔다.
2) 안심 1장을 넓게 펴서 그대로 비닐채 냉동에 보관하여 사용하기도 한다.
3) 주문이 들어오면 냉동실에 얼려 둔 안심카르파쵸를 접시에 담아낸다. 테이블에 나갔을 때 살짝 얼어 있는 생태가 좋다.

트러플 무스린(Truffle Moussline)

트러플 10g, 디종 머스타드 20g, 트러플 오일 20g, 마요네즈 100g, 닭 육수 10ml, 소금, 후추

한식 양식 중식

허브에 절인 도미요리와 토마토소스

(Oven Baked Marinade Snapper with Herb and Tomato Sauce)

재료

도미 160g, 올리브 오일 40ml, 레몬주스 5ml, 화이트 와인 10ml, 토마토 소스 50ml, 다진 허브 20g, 컬리플라워 20g, 아스파라거스 1ea, 방울토마토 1ea, 바질 1spring, 소프트 크랩 1/2ea, 전분 30g, 당근 10g, 파슬리 1spring, 소금, 후추

만드는 법

1. 도미는 160g으로 잘라 다진 허브(타임, 바질, 고수, 로즈마리, 세이지 등), 레몬주스, 와인, 기름을 바르고 소금, 후추해서 그릴에 색을 낸 후 오븐에 넣는다.
2. 당근과 애호박은 파리지엔 스쿱(parisienne scoop)으로 파서 삶아 버터에 볶아 놓는다.
3. 아스파라거스와 컬리플라워는 블랜칭해서 버터에 볶아 놓고, 체리토마토는 블랜칭해서 껍질을 살짝 벗겨 준비한다.
4. 소프트 크랩도 다진 허브와 전분을 묻혀 튀겨낸다.
5. 토마토소스에는 바질을 다져서 넣는다.
6. 접시에 준비된 토마토 소스를 뿌리고 준비된 야채를 올린다.
7. 오븐에서 나온 가자미와 소프트 크랩을 올리고 체리토마토와 타임으로 장식한다.

핵심포인트

1) 도미는 구울 때 살이 부서질 염려가 있으니 주의한다.
2) 깔끔한 맛을 내기위해 가니쉬(garnish)로 양파(onion)를 오븐에서 색을 내어 밑에 깔아 준다.
3) 도미의 육질이 잘 부서져 감자채를 몸통에 말아 주기도 한다.

한식 양식 중식

팝레스토랑식 등심스테이크와 보졸레 소스

(Pob Restaurant Style Sirloin Steak with Beaujolais Sauce)

재료

쇠고기등심 180g, 버터 60g, 아스파라거스 3ea, 올리브오일 30ml, 방울토마토 1ea, 바질페스토 10g, 브로콜리 1ea, 웨이지감자 70g, 통후추 20g, 소금, 후추 to taste

만드는 법

1. 쇠고기 등심은 통후추, 소금으로 간하여 올리브오일에 마리네이드를 한 다음 뜨거운 그릴에 표면이 격자가 나도록 구워 오븐에서 익힌다.
2. 웨이지감자와 방울토마토는 튀긴다. 방울토마토를 튀길 때에는 +로 칼집을 넣고 순간적으로 빨리 튀겨 소금, 후추로 간하여 올리브오일에 절여 놓는다.
3. 브로콜리와 아스파라거스는 소금, 후추로 간하고 정제된 버터를 뿌려 컨백션 오븐에서 스팀으로 익힌다.
4. 팬에 버터를 두르고 양파를 브라운 색이 나도록 볶은 다음 토마토를 넣고 같이 볶는다. 보졸레 와인을 첨가하여 1/3로 졸인다.
5. 4.에 데미글라스, 레드와인식초를 넣고 서서히 오랫동안 끓인 다음 체에 거른다. 마지막에 소금, 후추 뿌려 완성한다.
6. 접시에 구운등심과 웨이지감자, 토마토, 브로콜리, 방울토마토를 놓고 소스뿌려 완성한다.

핵심포인트

1) 등심(sirloin)이 약간 질긴 맛이 있으니 마리네이드를 잘해 준다.
2) 오버 쿠킹(over cooking)이 되지않게 그릴에서 잘 굽는다.
3) 낮은 온도에서 스테이크(steak)를 구우면 육즙이 빠져나오므로 겉표면을 타지않게 센불에서 코팅한다.

보졸레 소스

데미글라스 100ml, 다진양파 30g, 레드와인식초 30ml, 보졸레와인 30ml, 토마토 20g, 소금, 후추

찹 스테이크

(Chopped Steak)

재료 ☞ 3인기준

쇠고기 안심 180g, 간 마늘 15g, 양파 30g, 후추 5g, 청피망 25g, 데미글라스 40ml, 홍피망 25g, 머스타드 10g, 당근 25g, 토마토 케첩 15g, 양송이 15g, 설탕 10g, 오일 15ml, 토마토 소스 15g, 브랜디 10ml, 핫 소스 10g

****만드는 법****

1. 쇠고기 안심, 양파, 청피망, 홍피망, 양송이 비섯, 당근은 가로 2cm, 세로 2cm로 크기로 큐브(cube)썰기 한다.
2. 팬을 달군 다음 오일 둘러 1.의 쇠고기를 시어링한 다음 마늘 넣고 볶다가 와인으로 플람베하여 고기의 잡냄새를 없애준다.
3. 다시 다른 팬에 오일을 두르고 1.의 야채를 볶아서 익힌다.
4. 3.을 2.의 재료에 혼합하여 데미글라스, 머스타드, 토마토 케첩, 토마토 소스, 핫소스, 소금, 후추를 넣어서 맛을 낸다.

*****핵심포인트*****

1) 안심에 질긴 힘줄은 모두 제거하여 부드럽게 해준다.
2) 마늘즙과 올리브 오일로 재워 고기의 잡내를 없애준다.
3) 제공시 음식이 식을수도 있으므로 철판에 내주기도 한다.

바질과 올리브오일로 맛을 낸 바닷가재 파스타

(Lobster Spaghetti with Basil and Olive Oil)

재료

시금치 파스타200g, 페스토 소스 2tsp, 바닷가재 250g, 올리브 오일 1Tbsp, 마늘 4쪽, 조개국물 1/2ml, 소금, 후추, 화이트 와인 1Tbsp, 바질잎 2ea, 파슬리

**페스토소스; 바질 15g, 파슬리 15g, 잣 30g, 마늘 15g, 올리브 오일 30cc, 파메산 치즈 15g, 소금 약간

**시금치파스타; 밀가루(강력분) 150g, 시금치 50g, 달걀 1ea, 소금 약간

** 해물육수; 바닷가재껍질 50g, 새우머리 30g, 바지락 10ea, 홍합 10ea, 마늘 1tsp, 양파 30g

만드는 법

1. 바닷가재는 깨끗이 씻어 몸통부분의 마디를 자르고 집게부분은 잘라 살을 빼낸다.
2. 팬에 올리브 오일을 두르고 마늘 다진것을 볶다가 바닷가재 넣어 볶는다. 불을 올려서 화이트 와인을 뿌려 잡냄새를 제거한다.
3. 해물육수를 붓고 소금, 후추 간을 하고 끓이다가 시금치 파스타를 넣고 페스토 소스를 넣고 소스가 줄어들면 불에서 내려 접시에 담아 바질을 곁들여 낸다.

핵심포인트

1) 가재는 집게에 고무줄이 묶인 채로 배가 바닥에 닿은 상태에서 머리 뒤쪽에 칼끝을 찔러 좌우로 가르고 꼬리쪽의 살을 들어 올리면 쉽게 살이 빠지고 집게의 살을 가위나 망치로 두들겨 모양이 흐트러지지 않게 빼낸다.
2) 시금치 파스타는 최소한의 물 또는 계란을 넣고 시금치를 믹서기에 간다.
3) 면이 끓어 오르면 3번 정도 찬물을 부어 면발을 탱탱하게 해준다.

시금치 파스타 만들기

① 시금치는 손질하여 깨끗이 씻은 뒤 소금 넣은 끓는 물에 살짝 데쳐내어 물기를 짠 뒤 잘게 잘라 달걀과 소금을 넣어 믹서기에 간다.
② 밀가루를 소복히 쌓은 뒤 가운데에 계란 물을 붓고 잘 치데어 반죽을 한다.
③ 반죽이 완성되면 비닐봉지에 담아 40분 정도 냉장고에 두어 숙성을 시킨 후 밀대로 얇게 밀어 칼로 썰어 끓는 물에 5분정도 삶아낸다.

해물 크림 파스타

(Seafood Cream Sauce Paste)

재료

그린 홍합 6ea, 갑오징어 50g, 칵테일새우 6ea, 모시조개 6ea, 바지락 10ea, 중하 6마리, 스파게티면 200g, 해물육수 2ml, 휘핑크림1 1/2ml, 생크림1 1/2ml, 양파 30g, 마늘 5ea, 화이트 와인 30ml, 버터 2Tbsp, 올리브 오일 2Tbsp, 소금, 흰 후추, 파슬리가루 약간

만드는 법

1. 마늘을 슬라이스 하여 두고, 양파를 잘게 다진다,
2. 바지락과 모시조개는 해감을 하고, 홍합은 깨끗이 손질하여 수염을 제거해 두고, 갑오징어는 껍질을 벗겨 안쪽에 칼집을 넣어 두툼하게 썰어 둔다. 중하는 머리와 꼬리는 살려두고 껍질을 제거 하여 둔다.
3. 스파게티는 소금을 넣은 물에 8분간 삶아 건져 올리브 오일에 발라둔다.
4. 냄비에 올리브 오일을 두르고, 마늘과 양파를 넣고 살짝 볶다가 모시조개, 바지락, 새우머리와 껍질 등을 넣고 색이 안 나게 볶다가 물을 넣고 월계수 잎 넣어 끓인 후 고운 천에 걸러낸다.
5. 팬에 올리브 오일과 버터를 두르고 마늘과 양파를 넣고 향을 낸 후 모시조개, 바지락을 넣어 볶다가 입이 벌어지면 홍합, 중하, 오징어를 넣고 볶으며 화이트 와인을 넣어 잡냄새를 날린 후 해물육수를 넣는다.
6. 휘핑크림과 생크림을 넣고 약간 졸인 후 파스타를 넣어 볶고 소금, 후추를 넣고 농도가 되면 불에서 내리고 접시에 담아 파슬리가루 뿌려낸다.

핵심포인트

1) 면에 올리브 오일과 버터를 사용하여 마늘과 양파의 향을 잘낸다.
2) 해산물의 이물질을 잘 제거해준다.
3) 바지락은 해감 시킨것을 사용한다.
4) 생크림과 우유의 비율을 잘 맞추어 고객의 입맛을 잡을 것.
5) 크림 소스는 화이트 소스를 만들어 사용하는 경우와 고르곤졸라치즈를 넣는 방법 등 다양하여 업장의 영업환경에 따라 컨셉을 달리할 수 있다.

한식 양식 중식

토마토 해물 스파게티

(Tomato Seafood Spaghetti)

재료

스파게티면 200g, 오징어 30g, 홍합 4ea, 관자 (가이바시) 4ea, 새우 (중하) 2마리, 바지락 6ea, 다진 마늘 1tsp, 붉은고추 1/2ea, 바질 5잎, 버터 1tsp, 올리브유 1tsp, 화이트 와인 20ml, 이탈리안 파슬리 약간, 소금, 후추, 토마토 소스 400g

****만드는 법****

1. 스파게티는 8분가량 삶아 놓는다.
2. 홍합, 바지락은 해감하여 둔다(또는 미리 살짝 삶아 두기도 함). 관자는 질긴 부위를 다듬어 썬다. 한치는 내장을 제거하고 링모양으로 썬다. 새우는 껍질을 제거한다.
3. 뜨겁게 달군 팬에 올리브유, 버터를 넣고 마늘과 붉은고추, 양파를 넣고 향을 낸후 손질한 해산물을 넣고 센불에서 재빨리 볶는다. 백포도주를 뿌려 잡냄새를 날리고, 토마토 소스를 넣고 해물이 익을 때까지 끓인다.
4. 스파게티를 넣고 국물을 졸여 농도를 내고 소금, 후추 간을 하고 잘게 썰은 바질과 이탈리안 파슬리 다진 것 넣고 볼에 담아 낸다.

핵심포인트

1) 홍합의 수염과 이물질은 제거하고 바지락은 해감을 충분히 해둔다.
2) 마늘과 고추의 향을 충분히 우려낸다.
3) 스파게티는 8분정도 삶아 건져 찬바람에 식혀 올리브 오일에 발라둔다.
4) 토마토 소스는 오래 끓으면 쓴맛이 나니 장시간 끓이는 것을 주의할 것!
5) 팬에서 스파게티를 다 만든후 제공할 때 불에서 내려 마지막에 버터 1tsp을 첨가하여 버무려주면 음식의 풍미를 더할 수 있다.

토마토 소스

간마늘 1tsp, 양파 20g, 샐러리 15g, 토마토홀 2C, 버터 1tsp, 설탕 1tsp, 소금, 후추약간, 오레가노, 바질 1잎,

크림 소스펜네

(Cream Sauce Penne)

재료 ☞ 10 liter기준

펜네 120g, 크림 소스 1 1/2ml, 마늘 3ea, 양파 1/4ea, 양송이 5g, 부로콜리 1ea, 올리브 오일 2Tbsp, 버터 1tsp

만드는 법

1. 팬에 올리브 오일과 버터를 두르고 다진 양파와 마늘 슬라이스를 넣고 향을 내다가 양송이, 양파, 홍피망, 브로콜리를 넣고 화이트 와인으로 향을 낸다.
2. 크림소스 1 $\frac{1}{2}$국자, 팬에 삶은물 1국자 넣고 졸이다 삶아둔 펜네를 넣어 소스가 잘 배이도록 하고 소금, 후추 간을 하여 완성한다.

핵심포인트

1) 크림 소스의 비율은 우유와 크림을 동율로 하는 경우도 있다.
2) 팬에서 크림 소스가 부족하면 팬에 삶은 물을 넣어 농도를 조절한다.
3) 다량으로 나갈 때는 크림과 우유의 비율을 맞추어 만들어 두고 사용한다.
4) 펜네를 쫄깃쫄깃하게 삶는다(약 8분).

크림소스

생크림 1ml, 우유 2C, 양파 20g, 샐러리 10g, 마늘 1tsp, 소금, 후추

한식
양식
중식

오븐 스파게티

(Oven Spaghetti & Meat Sauce)

재료 ☞ 10 liter기준

스파게티 150g, 양송이 10g, 양파 10g, 청·홍피망 10g, 간 마늘 1tsp, 소금, 후추, 모짜렐라 치즈 120g, 백포도주 100ml, 토마토 콘카세 1Tbsp, 이탈리안 파슬리 2g, 미트소스 150ml

만드는 법

1. 팬에 올리브오일을 두르고 다진 마늘 향을 내고 양파, 양송이, 청 · 홍피망 볶다 미트소스 넣어 간을 한 후 삶은 스파게티 넣어 소스가 배이도록 볶는다.
2. 스파게티를 넣고 모짜렐라 치즈를 올린 후 오븐에 구워낸다.
3. 위에 토마토 콘카세와 이탈리안 파슬리 다진것 뿌린다.

핵심포인트

1) 스파게티를 많이 삶고, 또 팬에서 볶은 후 Oven에 들어가면 면발이 퉁퉁 부을 경우가 있다.
2) 약 8분정도 삶아 채에 받쳐 올리브 오일로 버무리고 찬바람에 빨리 식힌다.

미트소스

다진쇠고기 300g, 다진양파 90g, 셀러리 50g, 토마토 주스 150ml, 토마토 퓨레 70g, 다진마늘 15g, 버터 50g, 비프스톡 500ml, 오레가노, 베질, 월계수잎, 타임, 로즈마리 백포도주 100ml, 소금, 후추

한식 양식 중식

봉골레 비안코

(Vongole Bianco)

재료

스파게티 150g, 바지락 30ea, 마늘 2ea, 양파 10g, 페페로치니 1ea, 올리브오일, 버터 2tsp, 백포도주 20ml, 파슬리 찹 2tsp, 레몬 주스 5ml, 조개 육수 2ml, 토마토 콘카세 1Tbsp, 소금, 후추 약간

만드는 법

1. 팬에 올리브 오일, 버터를 두르고 편으로 썬 마늘, 페페로치니를 가운데 부러뜨려 넣어 볶다가 모시조개 넣어 볶다가 백포도주 넣어 향을 내고, 조개육수 넣고 입이 벌어지면 스파게티 넣고 졸인다.
2. 레몬 주스, 올리브 슬라이스, 토마토 콘카세, 소금, 후추로 맛을 내고 파슬리 가루를 올리고 마무리 한다.

핵심포인트

1) 조개육수를 맑고 깨끗하게 잘 뽑는 것이 중요하다.
2) 팬에서 올리브 오일에 마늘과 고추의 향과 조개의 향을 충분히 우려낼 것!
3) 모시조개를 소금물에 잘 문질러 이물질을 제거하고 간혹 뻘이 들어 있는 것과 상한 것이 있어 음식을 버리게 되는 경우가 있으니 주의할 것.

조개육수

바지락 150g, 마늘 1Tbsp, 양파 1Tbsp, 홍고추 1ea, 백포도주 50ml, 올리브 오일 1Tbsp, 레몬즙 1Tbsp, 물 3ml

① 바지락을 깨끗이 씻은 후 물을 부어 소금을 넣고 냉장고에 하루정도 두어 해감을 시킨다.
② 냄비에 올리브 오일을 두르고 마늘 볶아 향을 내고, 바지락을 넣어 볶다가 화이트 와인을 넣고 뚜껑을 잠시 닫고, 조개입이 벌어지면 물과 레몬즙을 넣고 2분 정도 더 끓인 후 불을 끈다.

먹물 스파게티

(Spaghetti Seppie Nero)

재료

스파게티 200g, 갑오징어 (작은것) 6마리, 주꾸미 1마리, 오징어 먹물 3~4ea, 날치알 2tsp, 마늘 3~4쪽, 양파 1/4개, 올리브 오일 약간, 화이트 와인 약간, 조개 국물 1 4/5ml, 드라이 바질가루 약간, 소금, 후추 약간, 바질 2잎

만드는 법

1. 갑오징어는 냉동된 작은 것으로 준비해 깨끗이 씻은 후 세로로 3등분한다. 주꾸미는 몸통과 다리 부분을 잘라 내장을 제거하고 몸통의 껍질을 벗긴 후 깨끗이 씻어 몸통은 1cm 폭으로 썰고 다리는 떼낸다.
2. 마늘과 양파는 껍질을 벗기고 잘게 다진다.
3. 팬에 올리브 오일을 두른 후 다진 마늘과 양파, 손질한 오징어와 주꾸미를 넣고 볶는다.
4. 해물이 어느 정도 익으면 오징어 먹물을 넣고 볶다 화이트 와인을 넣어 잡냄새를 날린다.
5. 조개 국물을 붓고 끓이다 보글보글 끓어오르면 미리 삶은 스파게티를 넣고 잘 섞어 소스가 잘 배게 한다. 드라이 바질 가루를 넣고, 소금, 후추로 간해서 잘 섞으며 볶는다.
6. 소스가 졸아들면 접시에 담고 날치알을 올린 후 생 바질잎을 얹는다.

핵심포인트

1) 오징어의 먹통을 평소에 모아두고 사용하던지 시중에 파는 식용 오징어 먹물을 사용한다.
2) 먹물 스파게티 완제품도 있다.
3) 먹물과 올리브 오일, 조개국물과 어울어지는 향이 중요하며 너무 뜨거우면 분리가 된다.
4) 위에 날치알로 포인트.

중식

오리알냉채

(松花蛋)

재료

송화단 1ea, 오이피클 50g, 절인생강 30g, 고추기름 1Tbsp, 파세리 20g

만드는 법

1. 송화단은 포장된 것을 깐 다음 깨끗하게 씻는다.
2. 스팀솥에 약하게 온도를 조절한 다음 뚜껑을 열고 서서히 찐다. 대략 15분정도면 적당하다.
3. 송화단은 차갑게 식힌 다음 8등분으로 자른다.
4. 오이피클은 반으로 갈라 반달모양으로 썬다.
5. 접시에 오이피클을 놓고 그 위에 송화단을 올린다.
6. 파슬리로 장식하여 마무리한다.

핵심포인트

1) 고객의 취향에 따라 고추기름 소스를 제공하면 된다.
2) 송화단에 절인생강을 말아서 제공하면 일품이다.
3) 송화단은 삶으면 특유의 맛을 잃을 수 있으므로 꼭 찜통에 찐다. 단 뚜껑은 꼭 열어야 한다. 그렇지 않으면 갈라진다.

오징어냉채

(墨魚冷菜)

재료

오징어 1마리, 오이 1/4개, 식초 40ml, 설탕 15g, 소금 25g, 마늘 2개, 겨자 30g, 참기름 1/3Tbsp
★ 겨자소스 : 겨자 3Tbsp, 설탕 2Tbsp, 식초 3Tbsp, 소금 1Tbsp, 다진마늘 1Tbsp, 참기름

※위의 메뉴는 조리기능사문제이다. 단 실제 요리에는 사용되지 않는다.

만드는 법

1. 겨자는 물에 개어서 따뜻한 곳에 뚜껑을 덮어 발효시킨다.
2. 오징어의 내장 제거, 껍질을 벗긴 후 깨끗이 씻어서 오징어의 안쪽에 칼집을 촘촘하게 가로 세로로 넣은 다음 적당한 크기로 썰어 데친 후 찬물에 식혀서 천에 물기를 닦아 둔다.
3. 오이는 반으로 잘라 어슷하게 반달모양으로 썰어서 준비해 둔다.
4. 오이는 접시에 놓고 오징어는 오이 위에 나열해서 놓는다.
5. 발효시킨 겨자는 식초, 소금, 설탕, 참기름을 넣고 간하여 오징어와 같이 담아 낸다.

핵심포인트

1) 오징어는 오래 동안 데치면 질겨 지므로 데칠 때는 뜨거운 물에 살짝 데친다.
2) 껍질이 잘 벗겨지지 않으면 소금으로 뿌려서 잡고 벗기면 된다.
3) 오이는 반을 잘라 굵은 씨가 있으면 제거한다.
4) 오이는 얇게 3㎝ 정도 편으로 썰어 사용해야 한다.
5) 겨자분은 따뜻한 곳에 숙성시켜 사용해야 한다.

새우냉채

(中蝦冷菜)

재료

중새우 4마리, 생강 30g, 대파 50g, 오이 40g, 고수 10g

★ 겨자소스 : 겨자 3Tbsp, 설탕 2Tbsp, 식초 3Tbsp, 소금 1Tbsp, 다진마늘 1Tbsp, 참기름 1/3Tbsp, 마요네즈 3Tbsp

만드는 법

1. 겨자는 물에 개어서 따뜻한 곳에 뚜껑을 덮어 발효시킨다.
2. 냄비에 물, 생강, 대파를 넣고 물이 펄펄 끓여면 불을 약하게 하여 5분정도 향이나게 서서히 더 끓인다.
3. 새우를 2.에 넣고 삶아서 익힌다. 대략 3분정도면 적당하다. 너무 많이 삶으면 새우의 탄력성이 떨어진다.
4. 오이는 반으로 잘라 어슷하게 반달모양으로 썰어서 준비해 둔다.
5. 접시에 오이를 놓고 그위에 새우 순으로 계속하여 배열하여 담는다.
6. 발효시킨 겨자는 식초, 소금, 설탕, 참기름을 넣고 간하여 마지막에 마요네즈를 넣고 맛을 더한다.
7. 고수를 올려 장식한 다음 소스를 뿌려 완성한다.

핵심포인트

1) 새우는 삶아서 찬물 또는 얼음물에 식히면 탄력성이 더 생긴다.
2) 새우는 너무 많이 삶지 않도록 주의해야 한다.
3) 겨자소스에 마요네즈를 사용하는 것은 전통적인 중식조리법은 아니지만 넣으면 맛이 부드럽고 매운맛을 잡아준다.

오향장육

(五香醬牛肉)

재료

아롱 사태살 1kg, 대파 1쪽, 생강 1쪽, 팔각 3쪽, 건고추 3개, 돼지껍질 100g, 고추(빨강것) 1/2개, 오이 1/3개

★ 조림소스 : 물 1200ml, 간장 100ml, 설탕 15g, 고량주 3Tbsp, 쌍노두 2Tbsp, 미원 1Tbsp

만드는 법

1. 사태는 껍질을 제거하고 돼지껍질과 함께 끓는 물에 데쳐서 핏물을 제거한 다음 흐르는 물에 담가 놓는다.
2. 냄비에 생강, 팔각, 대파, 건고추, 물, 간장, 설탕, 고량주, 쌍노두, 미원을 넣고 살짝 끓으면 사태, 돼지껍질을 넣고 강→중→약 불에 1시간 30분 정도 익힌다.
3. 익으면 찬 곳에 식혀둔다.
4. 오이는 반달모양으로 썰어서 접시에 깔고 그 위에 식은 사태를 썰어서 가지런하게 놓는다.
5. 고추(빨강것), 대파, 오이는 채 썰어 위에 얹어 놓는다.

핵심포인트

1) 고기를 너무 오래 삶으면 쫄깃쫄깃한 맛이 없어진다.
2) 고기를 한번 데쳐서 핏물을 제거해야 탁한 맛이 없어진다.
3) 삶을 때 불의 크기는 강→중→약 불순으로 1시간 30분 정도 삶는다.
4) 소스색은 약간 검은색을 띄는 것이 좋다.
5) 사태를 익히고 난 국물은 장육소스로 사용한다.

한식 양식 중식

쇠고기 고추잡채와 꽃빵찜 (青椒牛肉絲花圈)

재료

쇠고기 방심 70g, 정종 1Tbsp, 전분 15g, 조미료 1Tbsp, 청피망 1개, 홍피망 1/3개, 달걀 1/2개, 죽순 30g, 참기름 1Tbsp, 고추 기름 2Tbsp, 양파 1/2개, 마늘 1개, 생강 5g, 간장 2Tbsp, 대파 10g, 표고 30g

만드는 법

1. 쇠고기 방심은 얇게 저민 후 가늘게 채를 썰어 핏물을 빼고 계란흰자, 물전분, 간장, 식용유를 넣고 한쪽 방향으로 돌려가며 섞어 기름에 살짝 데쳐낸다.
2. 표고버섯은 물에 불린 후 삶아서 채썰고 피망, 죽순, 양파도 같은 길이와 두께로 채썬다.
3. 파 1cm, 마늘은 편으로 생강은 얇게 채로 썬다.
4. 팬을 달구어 기름을 두른 뒤 파, 마늘, 생강, 정종, 간장을 넣어 간장의 향기가 나기 시작하면 청 · 홍피망, 양파를 먼저 볶는다.
5. 피망과 양파가 익으면 죽순, 표고, 고기를 넣고 조미료, 참기름을 첨가한 넣고 끝낸다.
6. 꽃빵을 스팀에 쪄서 4개정도 곁들인다.

핵심포인트

1) 고기를 기름에 데칠(blanching) 때 서로 붙지 않게 해야 한다.
2) 고추의 빛이 선명하도록 하려면 조리순서가 정확하여야 하고 센 불에서 빠르게 조리하려야 한다.
3) 고기와 피망의 길이가 균일하여야 한다.
4) 간장은 간도 맞추며 빛깔과 향을 내는 역할을 한다.
5) 죽순과 표고는 피망과 양파를 볶은 후 볶는 것이 좋다.
6) 주재료 고추와 고기는 5cm 정도가 적당하다
7) 쇠고기에 계란흰자, 간장, 전분, 식용유를 넣고 초벌간을 해야 한다.

한식 양식 중식

게불부추잡채와 꽃빵찜

(海菜肉絲花圈)

재료

게불 3ea, 정종 1Tbsp, 소금, 백후추 소량, 중국부추 100g, 식용유 3Tbsp, 조미료 1/3Tbsp, 참기름 1/3Tbsp

만드는 법

1. 부추는 씻은 다음 6cm 길이로 썰어 잎 부분과 뿌리부분을 분리한다.
2. 게불은 반으로 갈라 내장과 피를 제거한 다음 어슷하게 썰인다.
3. 볶기 전 부추에 미원과 소금을 뿌려 간한다.
4. 팬을 달구어 기름을 두르고 뿌리 부분을 먼저 넣고 볶은 후 파란부분을 넣어서 볶는다. 익으면 참기름을 한 방울 넣어서 담아낸다.
5. 꽃빵을 스팀에 쪄서 4개정도 곁들인다.

핵심포인트

1) 이 요리의 맛은 화력이 아주 중요하다. 화력을 최대한 세게 하여 팬이 충분히 달구어진 후에 조리를 시작해야 한다.
2) 부추의 뿌리부분부터 먼저 볶은 후 잎 부분을 볶는다.
3) 순간 빨리 볶아야 하므로 미리 소금, 후추로 간하는 것이 좋다.
4) 부추는 6cm 길이로 썰어야 한다.
5) 매운맛이 나는 것은 익지 않았으므로 꼭 익혀야 한다.
6) 너무 오래 볶으면 부추의 숨이 죽으므로 순간에 빨리 볶아낸다.
7) 부추잡채는 해물, 쇠고기 등의 재료를 사용하여 같은 방법으로 볶아도 된다.

고구마탕

(拔絲地瓜)

재료

고구마 1/3개, 설탕 3Tbsp, 식용유 1Tbsp

만드는 법

1. 고구마는 껍질을 벗긴 다음 4cm 정도의 긴 삼각형 모양으로 썰어 중불에서 튀겨낸다.
2. 팬은 달구어 기름에 코팅시킨 다음 불을 약하게 해서 기름과 설탕을 넣고 시럽을 만든다. 설탕을 첨가할 때 설탕 양을 잘 조절해야 한다. 만약 설탕 양이 많으면 음식의 모양이 좋지 않다.
3. 설탕이 갈색으로 변하면 튀긴 고구마에 시럽을 묻힌다. 이 때 설탕양이 적으면 물을 한방울을 넣고 살짝 버무린다. 단 손에 튀지 않게 살짝 버무린다. 화상의 위험이 있다.
4. 시트팬에 기름발라서 3.을 골고루 펼친다,
5. 그릇에 小8개, 大12개 정도 담아낸다.

핵심포인트

1) 튀길 때에는 중불에서 튀겨 내용물을 서서히 익힌다.
2) 시럽을 만들 때 물을 조금 넣어서 하면 시럽이 타지 않을 수 있다.
3) 설탕이 완전히 풀려 갈색이 날 때 고구마를 넣고 팬을 돌린다.
4) 시럽을 만들 때 기름을 완전히 제거 해야 한다.
5) 고구마는 4cm 정도 긴 삼각형으로 잘라야 한다.
6) 튀김은 속을 익힌다.
7) 시럽이 타지 않도록 한다.
8) 튀김 온도가 너무 높으면 속이 익지 않고 표면은 타버린다.

옥수수탕

(拔絲粟米)

재료

옥수수 1/2통, 밀가루 80ml, 계란 1/2개, 설탕 80ml, 식용유 1Tbsp, 땅콩 30g

만드는 법

1. 옥수수는 물기를 뺀 다음 믹서기 또는 칼을 이용해 부드럽게 으깬다.
2. 땅콩은 적당하게 다져서 3.에 넣는다.
3. 옥수수, 밀가루, 달걀을 잘 섞어 3cm정도 완자를 만들어 튀긴다.
4. 뜨거운 팬에 기름으로 코팅을 시킨 뒤 설탕을 녹여 갈색이 나면 3을 넣고 버무린 뒤 기름을 바른 시트팬에 골고루 펼친 다음 접시에 담아낸다.

핵심포인트

1) 시럽을 만들 때 약불로 만드는 것이 좋으며 물을 조금 넣어서 하면 타지 않을 수 있다.
2) 옥수수 완자를 시럽에 넣어서 후 찬물을 조금 끼얹으면 시럽을 골고루 묻혀 주거나 빨리 굳어서 형태를 잘 유지할 수 있다.
3) 설탕이 완전히 풀려 갈색이 날 때 옥수수 완자를 넣고 팬을 돌린다.
4) 튀김온도가 너무 낮으면 튀길 때 완자가 서로 엉겨 붙어 모양이 잘나오지 않기 때문에 적당한 온도를 유지해야 한다.

한식 양식 중식

게살 상어지느러미 스프

(蟹肉魚翅湯)

재료 ☞ 1인 기준

게다리살 30g, 팽이버섯 10g, 상어지느러미 20g, 백목이버섯 10g

★ 향신료 : 마늘 다진 것 1tsp, 생강 다진 것 1/2Tbsp

★ 양념 : 파 기름 1Tbsp, 정종 : 1/2tsp, 육수 150ml, 치킨베이스 1tsp, 미원 1tsp, 소금 간, 후추 1/3Tbsp, 물 전분 1Tbsp

만드는 법

1. 게살은 결대로 찢어 놓은 다음 팽이버섯은 1cm 크기로 자른다. 백목이버섯은 물에 불린 다음 살짝 다진다.
2. 뜨거운 팬에 파기름을 두르고 생강 · 마늘 다진 것, 정종을 넣어 향을 낸 뒤 육수, 치킨 베이스, 상어지느러미, 게살, 팽이버섯, 백목이버섯을 넣고 미원, 소금, 후추로 간한다.
3. 내용물이 끓으면 전분을 풀어 농도를 맞추고 파기름을 한방울 둘러낸다.

핵심포인트

1) 게살은 보통 4단 게살을 사용하나 왕게살을 사용하면 더욱 맛있다.
2) 게살은 찢거나 다져서 사용해도 된다.
3) 팽이버섯 또는 백목이버섯을 넣지 않아도 된다. 취향에 따라서 첨가여부를 결정할 수 있다.
4) 팬을 너무 뜨겁게 하면 생강과 마늘이 탈 수도 있어 주의해야 한다.
5) 참기름 사용은 하지 말아야 한다. 파기름을 넣어서 향긋하게 해야 한다.
6) 조미료를 조금 넣어서 맛을 좋게 한다.

옥수수스프

(玉米湯)

＊재료＊

옥수수알 50g, 닭육수 100ml, 설탕 1tsp, 소금 10g, 후추5g, 백목이버섯 5g, 물전분 20g

만드는 법

1. 옥수수알은 곱게 다지거나 믹서기에 곱게 간다.
2. 팬에 육수를 넣고 간옥수수를 넣고 끓인다.
3. 소금, 후추로 간을 한 다음 설탕을 넣고 약간 달게 만든다.
4. 물전분으로 농도를 맞추고 볼에 담아낸다.
5. 불린 백목이 버섯으로 살짝 올려 장식한다.

핵심포인트

1) 옥수수스프는 게살을 섞으면 게살옥수수스프(蟹用玉米湯)이된다.
2) 서양요리에서도 콘수프(corn soup)가 있다. 서양요리에서는 아메리칸치즈로 넣고 맛을 더한다.
3) 후추를 사용하지 않아도 된다. 많이 넣으면 후추냄새가 강하여 맛을 잃을 수 있다.
4) 설탕을 많이 넣으면 단맛이 강하여 옥수수 특유의 맛이 사라진다.
5) 백목이버섯은 가니쉬 외에는 사용하지 말아야 한다.

산라탕

(酸辣湯)

재료 ★ 1인

★ 주 재 료 : 죽순채 10g, 표고버섯 10g, 잔새우 15g, 건해삼 15g, 팽이버섯 10g, 두부 15g

★ 향신료 : 마늘 다진 것 1tsp, 생강 다진 것 1/2tsp

★ 양념 : 파기름 1Tbsp, 정종 1tsp, 닭육수 120ml, 식초 1Tbsp, 미원 1tsp, 소금 간, 후추 1/3tsp, 물전분 1Tbsp, 고추기름 1tsp, 계란노른자 2tsp

만드는 법

1. 두부는 가로, 세로 0.2mm, 길이 5cm 크기로 채로 썰고, 잔 새우는 껍질을 제거해서 준비한다.
2. 표고버섯은 살짝 익혀 나머지 주재료와 채를 썬다.
3. 팬에 파기름을 두르고 생강, 마늘 다진 것, 정종을 넣고 향을 낸다.
4. 향을 낸 다음 육수를 넣고 두부를 제외한 주재료를 넣어서 미원, 소금, 후추로 간한 다음 두부를 넣고 끓인다.
5. 내용물이 끓으면 전분을 풀어 농도를 맞춘 다음 계란 노른 자를 풀고 고추기름을 둘러낸다.

핵심포인트

1) 두부가 깨지지 않게 마지막에 넣어서 조리한다.
2) 고추기름을 마지막에 첨가하거나 처음에 파기름과 섞어서 사용해도 된다.

한식 양식 중식

죽생송이제비집수프

(竹笙松茸燕窩湯)

＊재료＊

죽생 1개, 제비집 10g, 송이 1/2개, 백목이 버섯 5g, 초고버섯 1개

★ 양념 : 파기름 1Tbsp, 미원 1tsp, 물전분 농도, 정종 1Tbsp, 소금 간, 생강다진 것 5g, 닭육수 200ml, 백후추 약간, 치킨베이스 1/2tsp

만드는 법

1. 죽생, 백목이 버섯, 제비집은 물에 불린다.
2. 죽생은 1cm로 자르고 송이와 초고버섯은 슬라이스, 백목이 버섯은 굵게 다진다.
3. 생강은 곱게 다져서 놓는다.
4. 팬에 파기름 둘러서 생강을 살짝 볶아서 정종을 넣어서 향을 낸다.
5. 육수를 넣고 1.2.의 재료를 함께 넣고 끓인다.
6. 미원과 치킨베이스로 맛을 더하고 소금으로 간을 한다. 치킨베이스는 짜기 때문에 소금을 조그만 넣어야 한다.
7. 마지막에 백후추 넣고 전분으로 농도를 맞춘다.
8. 파기름 한방울 둘러서 마무리 한다. 참기름 사용금지!

핵심포인트

1) 죽생은 따뜻한 물에서 불리면 부드러워진다.
2) 수프에는 참기름을 사용하지 않는다.
3) 치킨 베이스를 사용하면 맛이 좋아진다.

한식 양식 중식

깐풍기

(乾烹鷄)

재료

닭 300g, 간장 1Tbsp, 후추 1Tbsp, 달걀 1/2개, 정종 1Tbsp, 조미료 1Tbsp, 녹말 15g, 완두콩 20g, 고추기름 1Tbsp, 육수 또는 물 50ml, 식초 2Tbsp, 마늘 10g, 대파 7g, 홍피망 7g, 청피망 7g, 참기름 소량, 설탕 3Tbsp, 건고추 1개

****만드는 법****

1. 닭고기는 잘 손질한 다음 가로 · 세로 3㎝정도의 크기로 자른다.
2. 마늘, 파, 청 · 홍피망은 작게 썰고 건 고추는 마름모꼴 모양으로 잘라 준비한다.
3. 닭고기는 소금, 후추로 초벌 간하여 계란과 녹말로 튀김옷을 만든 다음 170~180℃ 정도의 기름에 두 번에 걸쳐서 튀긴다.
4. 팬에 고추기름과 식용유를 1:1로 섞어서 두른다.
5. 건 고추를 먼저 살짝 볶은 야채와 완두콩을 볶다가 정종, 간장, 육수, 미원, 식초, 설탕, 후추 순으로 넣고 소스를 만든 다음 튀긴 닭을 팬에 넣고 참기름을 넣어 접시에 담아낸다.

*****핵심포인트*****

1) 프라이팬에 소스를 양념할 때 타지 않도록 해야 한다.
2) 맛은 시고 단맛이 나야 한다.
3) 닭을 튀길 때는 두 번에 걸쳐서 튀겨야 속까지 골고루 익고 맛이 좋다.
4) 깐풍기 소스를 만든 후 약불에 조금 졸이면 더욱더 맛이 좋다.
5) 참기름을 넣을 때는 아주 소량을 넣어 향이 살짝만 나도록 한다.
6) 식초는 처음부터 넣으면 신맛이 날아가므로 가능한 마지막에 넣는 것이 좋다.
7) 이 요리는 전분으로 농도를 맞추는 요리법이 아니다.

라조육

(辣炒肉)

재료

돼지고기 250g, 달걀 1/2개, 전분 80g, 간장 1.5Tbsp, 붉은 고추 1개, 풋고추 1개, 표고 2개, 죽순 1/5개, 고추 기름 2Tbsp, 배추잎 20g, 양송이 20g, 청경채 10g, 생강 5g, 파 8g, 마늘 10g, 조미료 1Tbsp, 후추 1Tbsp, 육수 또는 물 150ml, 베이비 콘 20g

만드는 법

1. 표고, 죽순, 파, 베이비콘, 배추, 양송이는 편(片), 붉은 고추, 풋고추는 마름모 형태로 썬다.
2. 대파는 반으로 갈라서 1cm로 썰고, 마늘은 편, 생강은 얇게 채로 썬다.
3. 돼지고기는 가로 5cm, 세로 2cm길이로 썰어 계란, 물 전분을 넣고 180℃의 기름에 튀긴다.
4. 팬이 뜨거워지면 고추기름을 넣고 파, 마늘, 생강을 넣고 살짝 볶는다.
5. 4. 청주, 간장을 넣고 야채를 볶는다.
6. 야채가 살짝익으면 육수, 소금, 조미료, 후추로 간한 다음 물 전분으로 농도를 맞춘다.
7. 농도가 걸죽하면 튀긴 돼지고기를 넣고 참기름을 한 방울 넣고 마무리한다.

핵심포인트

1) 돼지고기는 가로 5cm, 세로 2cm 크기로 써시오.
2) 야채는 편(片)으로 써시오.
3) 돼지고기를 너무 오래동안 튀기면 딱딱해지므로 주의한다.
4) 않도록 하기 위하여 식용유와 고추기름을 1:1로 섞어서 사용해도 된다.
5) 조리 시 돼지고기를 넣은 뒤 너무 오랫동안 볶으면 튀김옷이 벗겨지므로 단 시간에 끝내야 한다.
6) 반드시 전분을 풀고 난 후 튀김한 것을 넣고 마무리해야 한다.
7) 동일한 조리법으로 돼지고기 대신 닭고기로 하면 라조기(辣炒鷄)가 된다.

라조기

(辣炒鷄)

재료

닭 250g, 달걀 1/2개, 전분 80g, 간장 1.5Tbsp, 붉은 고추 1개, 풋고추 1개, 표고 2개, 죽순 1/5개, 고추기름 2Tbsp, 배추잎 20g, 양송이 20g, 청경채 10g, 생강 5g, 파 8g, 마늘 10g, 조미료 1Tbsp, 후추 1Tbsp, 육수 또는 물 150ml, 베이비 콘 20g

만드는 법

1. 표고, 죽순, 배추, 양송이는 편(片), 베이비콘은 반으로 갈라 2cm, 붉은 고추, 풋고추는 마름모 형태로 썬다.
2. 대파는 반으로 갈라서 1cm로 썰고, 마늘은 편, 생강은 얇게 채로 썬다.
3. 닭고기는 뼈를 제거한 다음 가로 5㎝, 세로 2㎝길이로 썰어 계란, 물전분을 넣고 180℃의 기름에 튀긴다.
4. 팬이 뜨거워지면 고추기름을 넣고 파, 마늘, 생강을 넣고 살짝 볶는다.
5. 4.에 청주, 간장을 넣고 야채를 볶는다.
6. 야채가 살짝 익으면 육수, 소금, 조미료, 후추로 간한 다음 물 전분으로 농도를 맞춘다.
7. 농도가 걸죽하면 튀긴 닭고기를 넣고 참기름을 한 방울 넣고 마무리한다.

핵심포인트

1) 닭은 가로 5㎝, 세로 2㎝ 크기로 서시오.
2) 야채는 편(片)으로 써시오.
3) 닭을 너무 오래동안 튀기면 딱딱해 지므로 주의한다.
4) 앓도록 하기 위하여 식용유와 고추기름을 1:1로 섞어서 사용해도 된다.
5) 조리 시 닭을 넣은 뒤 너무 오랫동안 볶으면 튀김옷이 벗겨지므로 단 시간에 끝내야 한다.
6) 반드시 전분을 풀고 난 후 튀김한 것을 넣고 마무리해야 한다.
7) 동일한 조리법으로 닭고기 대신 돼지고기로 하면 라조육(辣炒肉)이 된다.

팔보채

(八寶菜)

재료 ☞ 4인 기준

해삼 40g, 죽순 20g, 오징어 30g, 표고 20g, 중새우 2마리, 물밤 15g, 소라 30g, 양송이 20g, 피조개 25g, 베이비 콘 15g, 관자 25g, 청피망 15g, 복어포 25g, 홍피망 10g, 왕 게다리 살 20g, 브로콜리 15g, 초고버섯 20g

★ 향신료 : 대파 10g, 마늘(Slice) 1.5개, 생강 3g

★ 양념 : 고추기름 1.5Tbsp, 미원 1/2tsp, 정종 1.5Tbsp, 굴소스 간, 육수 80ml, 물전분 농도, 굴소스 간, 참기름 1tsp, 간장 1tsp, 후추 1/3tsp

만드는 법

1. 해삼, 소라, 복어포, 관자는 편으로 썰고, 새우는 껍질을 제거하고 2등분한다. 오징어는 등에 칼집을 넣어서 썰고, 피조개는 안쪽에 칼집을 넣어서 썬다. 왕 게살은 2cm 크기로 자른다.
2. 초고버섯은 반으로 자르고, 브로콜리는 한입크기로 자른다. 나머지 부재료는 삼각형 모양(丁)으로 자른다.
3. 대파 2cm, 생강 다지고, 마늘은 편으로 썰어 놓는다.
4. 주재료와 부재료는 끓는 물에 살짝 데쳐 물기를 뺀다.
5. 팬에 고추기름 두르고 3.의 재료를 넣고 살짝 볶은 다음 정종, 간장을 넣어 향을 낸다. 향이 나기 시작하면 주재료와 부재료를 넣고 볶다가 육수→미원→ 굴소스→ 후추를 넣고 내용물이 끓으면 전분을 풀어 농도를 맞춘 다음 참기름 한방울 둘러 그릇에 담아낸다.

핵심포인트

1) 고객의 취향에 따라 고추기름 소스를 제공하면 된다.
2) 송화단에 절인 생강을 말아서 제공하면 일품이다.
3) 송화단은 삶으면 특유의 맛을 잃을 수 있으므로 꼭 찜통에 찐다. 단 뚜껑은 꼭 열어야 한다. 그렇지 않으면 갈라진다.

난자완자

(南煎丸子)

재료

돼지고기 100g, 마늘 10g, 파 20g, 후추 1tsp, 달걀 1/2개, 녹말 20g, 죽순 50g, 표고 50g, 생강 5g, 청경채 50g, 베이비 콘 30g, 배추 30g, 간장 2Tbsp, 육수 180ml, 정종 1.5Tbsp, 참기름 1/2Tbsp, 조미료 1tsp, 식용유 2Tbsp

만드는 법

1. 고기를 곱게 다져 다진 생강 달걀, 녹말, 간장을 넣은 다음 치대어 가며 반죽한다.
2. 표고버섯, 양송이, 죽순, 배추는 편으로 썰고, 청경채는 3cm로, 베이비 콘은 반으로 갈라 3cm크기로 썬다.
3. 대파는 반으로 갈라 1cm, 마늘은 편으로, 생강은 채로 썬다.
4. 양념한 고기는 3cm정도의 둥글고 납작하게 빚어 팬에 기름을 두르고 완자를 돌려가며 양면이 갈색이 나게 익혀낸다.
5. 팬을 달구어 식용유를 둘러 파, 마늘, 생강을 넣고 살짝 볶는다.
6. 정종, 간장을 넣고 간장의 향기가 나면 야채를 넣고 볶은 다음 육수를 넣는다.
7. 6.에 완자를 넣고 약간 졸인뒤, 물 녹말을 첨가하여 농도를 맞춘뒤 참기름을 넣고 끝낸다.

완자만들기

① 손으로 여러번 만지며 고기를 원형으로 올린다.
② 한 개씩 떼어낸다.
③ 팬을 달구어 기름을 1국자 두르고 완자를 놓는다.
④ 국자로 눌러 납작하게 만든다.
⑤ 한쪽 면이 익으면 돌려서 다음 면도 팬을 돌려가며 익힌다.

핵심포인트

1) 완자 반죽을 할 때 충분히 던져가며 치대어야 고기가 부드러워지고 양념이 골고루 스며든다.
2) 완자를 익힐 때 화력에 주의하여야 한다. 너무 센 불에 하면 겉은 타고 속은 익지 않는다.
3) 소스의 농도를 잘 맞추면 물전분을 만들어서 농도를 맞춘다. 평소에 전분으로 농도를 맞추는 훈련을 하도록 한다.

한식 양식 중식

쇠고기 탕수육

(糖醋牛肉)

재료

쇠고기 200g, 진간장 30ml, 달걀 1/2개, 녹말 120g, 육수 또는 물 130ml, 식용유 2Tbsp, 설탕 50ml, 양파 20g, 당근 20g, 완두콩 5g, 흑목이 3개, 참기름 3tsp, 식초 2Tbsp,

만드는 법

1. 쇠고기는 길이 3㎝ 두께1㎝ 정도로 채썬다.
2. 당근, 양파, 오이는 모양을 내어 편으로 썰고 흑목이는 물에 불려 준비한다.
3. 돼지고기는 계란, 전분을 넣고 반죽을 한 다음 180℃의 기름에 두 번 튀긴다.
4. 팬이 달구어진 후에 기름을 두르고 야채와 완두콩을 볶다가 육수를 넣고 진간장, 설탕, 식초를 넣어 맛을 본 후 녹말물을 넣어 농도를 맞춘 다음 튀긴 고기를 넣고 끝낸다.

핵심포인트

1) 180° C의 기름의 온도에서 고기가 완전히 익을 수 있도록 두 번 튀겨낸다.
2) 야채를 볶을 때 불에 타지 않게 주의해야 한다.
3) 쇠고기 탕수육도 케첩소스를 사용해도된다. 그러나 간장탕수육소스가 고객선호도가 높다.

한식 양식 중식

돼지탕수육

재료

돼지고기 200g, 케찹 80ml, 달걀 1/2개, 녹말 120g, 육수 또는 물 130ml, 식용유 2Tbsp, 설탕 50ml, 양파 20g, 당근 20g, 완두콩 5g, 흑목이 3개, 참기름 3tsp, 식초 2Tbsp,

만드는 법

1. 돼지고기는 길이 3㎝ 두께1㎝ 정도로 채썬다.
2. 당근, 양파, 오이는 모양을 내어 편으로 썰고 흑목이는 물에 불려 준비한다.
3. 돼지고기는 계란, 전분을 넣고 반죽을 한 다음 180℃의 기름에 두 번 튀긴다.
4. 팬이 달구어진 후에 기름을 두르고 야채와 완두콩을 볶다가 육수를 넣고 케찹, 설탕, 식초를 넣어 맛을 본 후 녹말물을 넣어 농도를 맞춘 다음 튀긴 고기를 넣고 끝낸다.

핵심포인트

1) 180° C의 기름의 온도에서 고기가 완전히 익을 수 있도록 두 번 튀겨낸다.
2) 케찹으로 탕수육 할 때는 간장을 조금 넣어도 된다.
3) 케찹을 많이 넣으면 소스가 탁해지므로 물과 비율을 잘 맞추어야 한다.

삼선해물 누룽지탕

(三鮮鍋巴)

＊재료＊ ☞ 4인 기준

해삼 40g, 죽순 25g, 오징어 30g, 표고 25g, 잔새우 30g, 물밤 20g, 소라 30g, 양송이 30g, 피조개 25g, 청경채 15g, 관자 25g, 베이비 콘 20g, 복어포 25g, 초고버섯 2알

★ 향신료 : 대파 10g, 마늘(Slice) 1.5개, 생강 3g

★ 양념 : 파기름 1.5Tbsp, 미원 1/2tsp, 정종 1.5Tbsp, 후추 1/3tsp, 육수 180ml, 물전분 농도, 굴소스 간, 참기름 1tsp

****만드는 법****

1. 팬에 기름을 바르고 밥은 4mm두께로 편편하게 눌러놓은 다음 가로, 세로 5cm로 잘라 말린다.
2. 잔새우, 피조개를 제외한 나머지 주재료는 편으로 자르고, 오징어는 칼집을 넣어서 꽃모양으로 자른다. 표고버섯, 초고버섯, 죽순, 양송이 버섯은 편으로 썰고 청경채는 2cm 크기로 자른다.
3. 대파 2cm, 생강 채, 마늘은 편으로 썰어 놓는다.
4. 180°C 의 기름에 1.의 재료를 튀겨 그릇에 담는다.
5. 주재료와 부재료는 끓는 물에 살짝 데친다.
6. 팬에 파기름 두르고 3.의 재료를 넣고 볶은 다음 정종을 넣어 향을 낸다. 향이 나기 시작하면 주재료와 부재료를 넣고 볶다가 육수→미원→ 굴소스→ 후추를 넣고 내용물이 끓으면 전분을 풀어 농도를 맞춘 다음 참기름 한방울 둘러 4.의 재료 위에 붙는다.

*****핵심포인트*****

1) 누룽지는 말려서 3~4시간 정도 지나야 한다.

한식 양식 중식

마파두부

(麻婆豆腐)

재료

두부 1/2모, 대파 10g, 청피망 10g, 홍피망 10g, 쇠고기 갈은 것 50g, 완두콩 5g, 고추기름 2Tbsp, 정종 1Tbsp, 두반장 1Tbsp, 갈은마늘 10g, 간장 1Tbsp, 미원 1/2Tbsp, 후추 1tsp, 물전분 30g, 참기름 1tsp

만드는 법

1. 마늘은 다지고 파는 잘게, 청 · 홍피망은 사각으로 조그맣게 썬다.
2. 두부는 가로,세로 1cm씩 정사각형으로 잘라 놓는다.
3. 두부는 뜨거운 물에 데쳐 놓는다.
4. 팬이 뜨거워지면 고추기름을 두르고 고기를 볶다가 1.의 재료와 완두콩을 넣고 볶는다.
5. 재료가 볶아지면 정종, 간장, 육수, 미원, 두반장, 후추, 두부 순으로 넣고 살짝 졸인다.
6. 전분으로 농도를 맞추어 참기름을 한 방울 넣어 마무리한다.

핵심포인트

1) 두부는 으깨어지지 않게 조심스럽게 다루어야 한다.
2) 파는 잘게 썰어서 음식을 접시에 담은 다음 위에 뿌려내면 모양이 좋다.
3) 설탕은 너무 매운맛이 나면 조금 넣어도 된다.
4) 두부는 가로, 세로 1cm 정도 주사위 모양으로 썬다.
5) 두부가 으깨어지지 않아야 한다.
6) 고기를 야채보다 먼저 볶아야 한다.
7) 두부를 넣고 졸일 때 짜 질 수 있으므로 한번에 간을 맞추지 않도록 한다.

매운맛상어지느러미
(辣汁群翅)

재료

죽순 40g, 파기름 2Tbsp, 표고 40g, 정종 1.5Tbsp, 잔새우 60g, 육수 80ml, 불린해삼 80g, 미원 1/2tsp, 팽이버섯 30g, 굴소스 간, 완두콩 20g, 물전분 농도, 쇠고기 50g, 대파 10g, 계란 1/5개, 마늘(Slice) 1.5개, 전분 1Tbsp, 생강 3g, 소다 1/3tsp, 물 25ml, 간장 1tsp, 식용유 20ml

만드는 법

1. 건삭스핀은 물에 불린 다음 생강, 대파, 고량주를 넣고 찜통에 30분가량 찐다.
2. 불린해삼, 표고버섯, 죽순은 채 썰고, 팽이버섯은 5cm 크기로 자른다. 쇠고기는 결대로 채 썰어 핏물을 뺀 다음 계란 1/3개, 소다 1/3tsp, 간장 1tsp을 넣고 물 25ml를 5번에 걸쳐서 부어 가며 고기를 치댄다. 고기에 물이 쓰며 들면 기름 20ml를 넣어서 다시 한번 치댄다.
3. 대파 2cm, 생강 채, 마늘은 편으로 썰어 놓는다. 그리고 다시 대파를 반으로 갈라 잘게 썬다.
4. 2.의 재료와 새우는 끓는 물에 살짝 데치고 쇠고기는 기름에 데쳐낸다.
5. 팬에 기름 두르고 3.의 파, 마늘, 생강을 넣고 볶은 다음 정종을 넣어 향을 낸다. 향이 나기 시작하면 4.의 데친재료를 넣고 볶은 다음 육수를 넣고 굴소스, 미원, 후추를 양념한다.
6. 내용물에 끓으면 물 전분 넣어 농도를 맞춘 뒤 참기름 한방울 둘러 접시에 담는다.
7. 찜통에 찐 삭스핀은 6.의 내용물 위에 올린다
8. 팬에 고추기름 둘러 파를 볶아서 정종, 육수, 미원, 소금을 넣고 끓으면 전분으로 농도를 맞추어서 소스를 완성한다.
9. 7.의 내용물위에 8.의 소스를 살짝 뿌려서 마무리한다.

핵심포인트

1) 쇠고기를 데칠 때 팬을 뜨겁게 한 다음 식용유로 코팅을 시켜 차가운 식용유 한 국자를 넣고 내용물을 살짝 젓는다.
2) 쇠고기 채(牛肉絲)의 양념방법은 고기 1kg당 전분 22.5g, 소다 15g, 계란 1개, 간장 2Tbsp, 물 50ml를 넣고 고기가 부드러워 질 수 있도록 양손으로 치댄 다음 기름 40ml를 넣고 버무린다.
3) 三絲라고 하는 것은 3가지 종류의 기본 주재료의 채를 말한다. 그렇기 때문에 주재료를 선택할 때 4단 게살, 오징어, 소라를 채 썰어 넣어도 무관하다.
4) 게살상어지느러미(蟹肉魚翅)의 경우는 내용물은 류산슬, 매운맛 상어지느러미와 같으나 류산슬은 소스를 뿌리지 않고 게살상어지느러미는 매운맛 상어지느러미소스에 게살만 같이 넣고 같이 끓이면 된다.

류산슬

(流三絲)

재료 ☞ 4인 기준

죽순 40g, 파기름 2Tbsp, 표고 40g, 정종 1.5Tbsp, 잔새우 60g, 육수 80ml, 불린해삼 80g. 미원 1/2tsp, 팽이버섯 30g, 굴소스 간, 완두콩 20g, 물전분 농도, 쇠고기 50g, 대파 10g, 계란 1/5개, 마늘(Slice) 1.5개, 전분 1Tbsp, 생강 3g, 소다 1/3tsp, 물 25ml, 간장 1tsp, 식용유 20ml

만드는 법

1. 불린해삼, 표고버섯, 죽순은 채 썰고, 팽이버섯은 5cm 크기로 자른다. 쇠고기는 결대로 채 썰어 핏물을 뺀 다음 계란 1/3개, 소다 1/3tsp, 간장 1tsp을 넣고 물 25ml를 5번에 걸쳐서 부어 가며 고기를 치댄다. 고기에 물이 쓰며 들면 기름 20ml를 넣어서 다시 한번 치댄다.
2. 대파 2cm, 생강 채, 마늘은 편으로 썰어 놓는다.
3. 1.의 재료와 완두콩, 새우는 끓는물에 살짝 데치고 쇠고기는 기름에 데쳐낸다.
4. 팬에 기름 두르고 2.의 재료를 넣고 볶은 다음 정종을 넣어 향을 낸다. 향이 나기 시작하면 3.의 재료를 넣고 볶은 다음 육수를 넣고 굴소스, 미원, 후추를 양념한다. 내용물에 끓으면 물 전분 넣어 농도를 맞춘 뒤 참기름 한방울 둘러 낸다.

핵심포인트

1) 쇠고기를 데칠 때 팬을 뜨겁게 한 다음 식용유로 코팅을 시켜 차가운 식용유 한 국자를 넣고 내용물을 살짝 젓는다.
2) 쇠고기 채(牛肉絲)의 양념방법은 고기 1kg당 전분 22.5g, 소다 15g, 계란 1개, 간장 2Tbsp, 물 50ml를 넣고 고기가 부드러워 질 수 있도록 양손으로 치댄 다음 기름40ml를 넣고 버무린다.
3) 三絲라고 하는 것은 3가지 종류의 기본 주재료의 채를 말한다. 그렇기 때문에 주재료를 선택할 때 4단 게살, 오징어, 소라를 채 썰어 넣어도 무관하다.

상어지느러미찜

(紅燒大排翅)

재료 ☞ 1인 기준

상어지느러미(Whole) 150g, 팽이버섯 20g, 송이 3개, 청경채 1/2개, 육수 100ml, 파기름 1Tbsp, 생강 20g, 마늘다진것 1/2tsp, 팔각 1개, 생강 다진 것 1/2tsp, 고량주 1Tbsp, 정종 1.5tsp, 대파 30g, 육수 100ml, 미원 1/2tsp, 소금 간, 굴소스 간, 쌍노두 1/2tsp, 물전분 농도, 참기름 1tsp

만드는 법

1. 상어지느러미는 물에 해동시킨 다음 파, 생강, 팔각을 위에 놓는다.
2. 팬에 육수, 고량주, 미원, 소금을 넣어 간한 다음 끓으면 1.에 붓고 찜통에 5분 정도 찐다.
3. 청경채는 끓는 물에 데치고, 송이버섯은 편으로 잘라 끓는 물에 데쳐서 가지런하게 그릇에 놓는다. 팽이버섯은 소금으로 간하여 팬에 살짝 볶은 다음 청경채, 2.의 상어지느러미 순으로 그릇에 놓는다.
4. 팬에 파기름 두르고 다진마늘, 다진생강을 넣고 살짝 볶은 뒤 정종을 넣어 향을 낸다.
5. 4.에 육수, 미원, 굴소스를 넣고 간한 다음 쌍노두를 넣고 색을 낸다. 내용물이 끓으면 전분으로 농도를 맞추고 참기름을 한 방울 둘러 낸다.
6. 3.의 상어지느러미에 완성된 소스를 끼얹는다.

핵심포인트

1) 상어지느러미를 오랫동안 찜을 찌면 파지가 될 수 있으므로 5분에서 10정도가 가장 적당하다.
2) 소스를 만들 때 약한 불에서 끓이면 맑은 소스가 나온다.
3) 삼선상어지느러미, 매운맛 상어지느러미 등의 위에 올리는 상어지느러미는 말린 것을 사용한다.
4) 청경채는 살짝 데쳐서 팬에 볶아서 전분으로 농도를 맞추어서 하는 방법도 있다.

삼선상어지느러미

(三鮮魚翅)

재료 ☞ 1인 기준

불린해삼 40g, 표고버섯 1장, 관자 30g, 초고버섯 2알, 잔새우 30g, 죽순 20g, 왕게살 25g, 은행 6알, 상어지느러미 15g, 청경채 20g, 대파 10g, 생강 3g, 마늘(Slice) 1.5개, 파기름 1.5Tbsp, 정종 1.5Tbsp, 대파 5g, 육수 80ml, 정종 1.5tsp, 굴소스 간, 육수 50ml, 미원 1/2tsp, 미원 1/3tsp, 물전분 농도, 소금 간, 참기름 1tsp, 물전분 농도, 계란 1개

만드는 법

1. 불린해삼, 관자는 편으로 썰고 왕게살은 2cm 크기로 자른다. 표고버섯, 초고버섯, 죽순은 편으로 썰고 청경채는 2cm 크기로 자른다.
2. 대파 2cm, 생강 채, 마늘은 편으로 썰어 놓는다.
3. 1.의 재료와 잔 새우, 은행은 끓는 물에 살짝 데친다.
4. 팬에 파기름 두르고 2.의 재료를 넣고 볶은 뒤 정종을 넣어 향을 낸다. 향이 나기 시작하면 3.의 재료를 넣고 볶다가 육수→미원→ 굴소스→ 후추를 넣고 내용물이 끓으면 전분을 풀어 농도를 맞춘 다음 참기름 한방울 둘러 그릇에 담고 소스를 준비한다.

핵심포인트

1) 파는 잘게 썰고, 계란흰자와 노른자는 분리하여 흰자는 거품기로 쳐서 거품을 낸다.
2) 팬에 파기름 두르고 위의 파와 정종을 넣어 향을 낸 뒤 육수를 넣고 미원, 소금으로 간한 다음 끓으면 전분으로 농도를 맞춘다. 소스가 걸쭉해지면 위의 계란 흰자를 넣어서 섞는다.
3) 주재료가 담아진 위에 완성된 소스를 뿌리고 상어지느러미를 위에 얹어낸다.

통전복찜

(紅燒鮑魚)

재료

생전복 1마리, 청경채 1/2개, 생강 20g, 대파 50g, 식용유 1/2Tbsp, 정종 1/3Tbsp, 육수 50ml, 소금, 후추 약간, 물전분 농도

★ 소스 : 파기름 1Tbsp, 다진생강 7g, 정종 1/2Tbsp, 닭육수 200ml, 굴소스 1Tbsp, 조미료 1/4tsp, 쌍노두 1/3Tbsp, 물전분 농도, 참기름 1/4tsp

만드는 법

1. 전복은 흐르는 물에 껍질과 몸통을 분리시킨 다음 내장을 제거하고 몸통을 깨끗하게 씻는다.
2. 전복몸통에 ×자 또는 가로로 칼집을 넣고 몸통위에 생강과 대파를 얹어서 살짝 찜통에 찐다.
3. 청경채는 반으로 자른 다음 데쳐서 놓는다.
4. 뜨거운 팬에 식용유 두르고 정종를 넣고 향을 낸 다음 육수, 미원, 소금을 넣고 간을 맞춘다.
5. 4.를 물전분으로 농도를 맞춘다음 3.의 데친 청경채를 넣고 살짝 버무린다.
6. 볼에 5.의 청경채를 놓고 찜통에 전복을 꺼내어 청경채 옆에 배열한다.
7. 팬에 파기름 둘러서 생강다진 것을 넣고 살짝 볶아 정종을 넣어 향을 낸다.
8. 7.에 육수, 미원, 굴소스, 쌍노두를 넣고 간을 한 다음 물전분으로 농도 맞추어 마무리 한다.
9. 소스를 6.의 전복에 살짝 뿌린다.

핵심포인트

1) 껍질은 깨끗이 씻어 전복몸통 깔게로 사용해도 된다.
2) 껍질을 없을 때는 팽이버섯을 볶아서 놓아도 된다.
3) 전복은 가능한 신선한 것이 좋다.
4) 가격은 그날의 원가에 따라 時價(Market Price)로 받으면 된다.
5) 전복을 찜통에 찌는 방법도 있지만 살짝 데쳐도 된다.
6) 청경채는 볶아도 되지만 끓는물에 데쳐서 담아도 된다. 그러나 단 소스를 완전히 끼얹어야 한다.

닭고기 케슈넛 볶음

(腰果鷄丁)

재료

닭고기 180g, 케슈넛 60g, 건고추.

★ 부재료 : 물밤 20g, 죽순 25g, 표고버섯 25g, 양송이 25g, 청피망 15g, 홍고추 10g, 초고버섯 20g, 셀러리 30g.

★ 양념 : 고추기름, 청주, 간장 1tsp, 육수 100ml, 굴소스 약간, 두반장 1tsp, 조미료 1/2tsp, 설탕 1/2tsp, 참기름 1tsp, 후추 약간, 물전분 농도.

★ 향신료 : 대파 10g, 생강 3g, 마늘(slice)

만드는 법

1. 죽순, 표고버섯, 양송이, 베이비콘, 셀러리, 청피망, 홍고추, 건고추는 삼각형 모양으로 자르고, 초고버섯은 반으로 자른다.
2. 닭고기는 가로, 세로와 두께를 각각 1.2cm 크기로 썰어 계란 흰자와 물 전분(1Tbsp)을 넣어 섞고 식용유에 데친다. 케슈넛도 갈색이 나도록 식용유에 살짝 튀긴다.
3. 대파는 2cm 길이로 썰고 생강은 다지며 마늘은 편으로 썰어 놓는다.
4. 팬에 고추기름을 두르고 건고추를 넣어서 매콤한 향을 낸 다음 파, 마늘, 생강을 넣어 살짝 볶고 청주와 간장으로 향을 낸다.
5. 향이 나기 시작하면 1.의 부재료를 넣고 볶다가 육수, 조미료, 굴소스, 두반장, 설탕, 후추를 순서대로 넣어 간을 한 다음 닭을 넣고 섞은 후 전분을 풀어 농도를 맞춘다.
6. 5.에 케슈넛을 넣고 참기름을 한 방울 두른다.

핵심포인트

1) 케슈넛은 전분을 넣고 난 뒤에 넣어야 고소한 맛이 난다.
2) 케슈넛은 노릇노릇하게 튀겨야 고소한 맛이 난다.

생선찜

(清蒸鮮魚)

재료

우럭(1마리) 600g.

★ 부재료 : 대파 4뿌리, 생강 80g, 팔각 2알, 홍고추 30g, 우럭밑간(찔때).

★ 소스 : 육수 100ml, 파기름 30ml, 마늘 1.5Tbsp, 정종 1Tbsp, 미원 1tsp, 소금 간, 후추 1/3tsp

만드는 법

1. 우럭은 비늘과 아가미를 제거한 다음 아가미 속으로 젓가락을 넣어서 내장을 꺼낸다. 내장을 꺼낸 우럭은 양면에 칼집을 1.5cm 간격으로 넣는다.
2. 스테인레스 통에 대파 2뿌리는 바닥에 깔고 그 위에 ①의 우럭을 놓은 다음 생강 50g, 대파 1뿌리, 팔각을 놓는다.
3. 팬에 육수 넣고 마늘, 정종, 미원, 소금, 후추로 간한 다음 2.의 우럭 위에 뿌려서 10분 정도 찐다.
4. 찜을 찌고 있는 동안 파 1뿌리, 생강 30g, 홍고추 30g은 채를 썬다.
5. 3.의 찜이 완성되면 대파, 생강, 팔각은 걷어내고 우럭은 그릇에 옮겨 담고 육수는 생선 위에 끼얹는다.
6. 5.의 우럭 위에 4.의 파, 생강, 홍고추 순으로 얹는다.
7. 파기름은 뜨겁게 달구어서 6.의 우럭에 끼얹는다.

핵심포인트

1) 파기름을 뜨겁게 달구 때에는 200~220℃ 정도가 가장 적당하다.
2) 우럭을 10분 이상 찌면 생선모양이 흐트러 짐과 동시에 질겨 진다. 따라서 시간을 엄수해야 한다.
3) 생선종류는 도미 등 신선한 것으로 사용하면 된다. 단 조기는 탕수 또는 두반장소스로 많이 사용한다.
4) 생선 위에 뿌리는 것은 홍고추, 생강, 대파로 많이 사용한다.
5) 생선은 내장을 제거해야 한다.

일품해삼

(一品海參)

재료 ☞ 4인 기준

불린해삼 3마리, 잔새우 100g, 쇠고기 100g, 물밤 15g, 대파 10g, 죽순 20g, 마늘(Slice) 1.5개, 표고 20g, 생강 3g, 양송이 20g, 베이비 콘 15g, 청피망 15g, 홍피망 10g, 초고버섯은행 8알

★ 양념 : 고추기름 1.5Tbsp, 미원 1/2tsp, 정종 1.5Tbsp, 굴소스 간, 간장 1tsp, 물전분 농도, 육수 100ml, 참기름 1tsp, 굴소스 간, 후추 1/3tsp.

★ 완자 양념 : 마른전분 100ml, 물전분 2Tbsp, 계란 1개, 소금 간, 후추 1/3tsp

만드는 법

1. 죽순, 표고, 양송이, 베이비 콘, 청피망, 홍피망은 삼각형 모양(丁)으로 자르고, 초고버섯은 반으로 자른다.
2. 대파 2cm, 생강 다지고, 마늘은 편으로 썰어 놓는다.
3. 새우는 칼 옆면으로 밀어서 쇠고기와 다져 계란흰자, 물전분, 소금, 후추를 넣고 반죽을 한다.
4. 해삼의 안쪽은 마른행주로 물기를 제거한 뒤 마른전분으로 묻혀 3.의 반죽을 채워 넣어서 다시 한번 마른전분을 묻혀 기름에 튀긴다.
5. 해삼이 익으면 한입크기로 자른 다음 다시 한번 튀긴다.
6. 팬에 고추기름 두르고 2.의 파, 마늘, 생강을 넣고 살짝 볶은 다음 정종, 간장을 넣어 향을 낸다. 향이 나기 시작하면 부재료를 넣고 볶다가 육수→미원→ 굴소스→후추→튀긴해삼을 넣고 양념이 배어 들 수 있도록 약한 불로 졸인다. 1분 정도 졸인 다음 전분 풀어 농도를 맞추고 참기름 한방울 둘러낸다.

핵심포인트

1) 졸이는 음식은 첫 번째 양념을 할 때 약하게 한 후 졸인 다음에 다시 한번 간을 맞춘다.

새우 토스트소스

(麵包蝦)

재료

잔새우 200g, 식빵 100g

★ 새우반죽양념 : 물전분 3Tbsp, 계란흰자 1/2개, 소금 간, 후추 1/2tsp

만드는 법

1. 식빵은 가로 · 세로 5cm, 두께 5mm로 8장으로 잘라 4장은 팬에 깔아 놓고 나머지 4장은 준비한다.
2. 새우는 칼등으로 곱게 다져거나 칼 옆면으로 밀어서 계란흰자, 물전분, 소금, 후추를 넣고 손으로 돌려서 반죽을 한다.
3. 반죽이 부드러워 지면 한 알씩 떼어서 1.의 잘라놓은 식빵 위에 놓고 나머지 4장으로 눌러 덮는다.
4. 완성된 2.의 새우는 80℃ 기름에 한번 튀긴 다음 반으로 잘라 다시 한번 150℃ 기름에 튀겨 접시에 놓는다.

핵심포인트

1) 새우는 기본적으로 간이 되어 있기 때문에 소금으로 약하게 간을 해야 한다.
2) 새우를 튀길 때 온도조절에 유의해야 한다(튀김온도가 높으면 식빵이 탈 수 있고 내용물이 익지 않을 수 있다).
3) 적새우보다는 검은새우가 맛이 좋다.
4) 1인당 1개 제공하면 된다.
5) 전분의 양을 조금만 하면 된다.

한식 양식 중식

청채굴기름소스

＊재료＊

청경채 6개, 파기름 30ml, 초고버섯 6알, 정종 1Tbsp, 고량주 1tsp, 다진생강 10g, 미원 1/3tsp, 굴소스 2tsp, 진간장 1tsp, 쌍노두 1/3tsp, 후추 약간, 육수 100ml, 닭육수 40ml, 물전분 농도, 참기름 1tsp, 참기름 1/3tsp

만드는 법

1. 청경채는 반으로 가른다. 큰 것은 4등분으로 만든다.
2. 초고버섯은 반으로 갈라서 그릇에 담는다.
3. 팬에 닭육수, 간마늘, 고량주, 미원, 진간장, 후추, 참기름 넣고 살짝 끓여서 2.에 넣고 찜통에서 5분정도 찐다.
4. 팬에 물, 기름을 넣고 살짝 끓여서 청경채를 데쳐낸다.
5. 팬에 식용유 두르고 정종, 육수, 미원, 소금을 넣고 끓으면 전분풀어 농도를 맞춘다.
6. 5.에 데친 청경채를 넣고 살짝 볶아 접시에 동그랗게 두른다.
7. 찐 초고버섯은 체에 걸러서 물을 버리고 그릇 중앙에 놓는다.
8. 팬에 파기름 둘러서 생강다진 것을 살짝 볶아 정종넣고 향을 낸다.
9. 향이 나면 육수를 넣고 미원, 굴소스로 간을 한 다음 쌍노두로 색을 낸다.
10. 소스가 끓으면 전분으로 농도 맞추고 참기름 한방울 둘러서 청경채와 초고버섯 위에 뿌려서 마무리한다.

핵심포인트

1) 청경채를 데칠 때는 식용유를 넣으면 청경채에 윤기가 난다.
2) 향기로운 맛을 원한다면 소스를 만들 때 치킨베이스를 사용하면 된다.
3) 청경채를 볶지 않고 데쳐만 사용하는 방법도 있다. 단, 간이 약해서 맛이 떨어진다.
4) 초고버섯을 찌지 않고 살짝 볶아서 놓는 방법과 볶지 않고 데쳐서 놓는 방법도 있다.
5) 소스를 만들 때 반드시 쌍노두를 사용해야 적당한 색과 특유한 맛을 낼 수 있다.
6) 기름이 너무 많지 않도록 주의해야 한다. 그러면 소스가 분리된다.

왕새우찜

(明蝦炒香蒸)

재료

대하 6마리, 전분 30ml, 양파 20g, 식용유 1.5Tbsp, 오이 20g, 정종 3Tbsp, 당근 20g, 간장 1.5Tbsp, 레몬 20g, 토마토 케찹 70ml, 완두콩 10g, 육수 30ml, 체리토마토 15g, 설탕 40ml, 낑깡 15g, 식초 2Tbsp, 핫소스 1Tbsp, 물전분 농도, 대파 10g, 마늘(Slice) 1.5개, 생강 3g

만드는 법

1. 오이, 당근, 양파는 가로 5cm, 세로 1cm로 썰고, 레몬은 편, 체리토마토, 낑깡은 반으로 자른다. 새우는 주둥이 부분과 다리를 가위로 자르고 등에 칼집을 넣는다.
2. 대파 2cm, 생강 채, 마늘은 편으로 썰어 놓는다
3. 1.의 칼집 넣은 새우등에 마른전분을 묻혀 기름에 튀긴다.
4. 팬에 식용유 둘러 2.의 파, 마늘, 생강을 넣고 살짝 볶은 뒤 정종, 간장을 넣어 향을 낸다. 향이 나기 시작하면 1.의 재료와 완두콩을 넣고 볶은 다음 육수, 케찹, 설탕, 핫소스, 식초, 3.의 튀긴 새우를 넣고 졸인다.
5. 양념이 졸여지면 전분 풀어 농도 맞춘 다음 접시에 담아낸다.

핵심포인트

1) 새우찜은 다른 요리와 달리 껍질이 있어야 맛있다.
2) 기본재료는 대파, 생강, 오이, 당근이다. 그 외 나머지 재료는 고객의 취향에 따라 달리할 수 있다.
3) 생강을 얇게 썰어야 한다.
4) 새우는 꼭 튀겨서 사용해야 맛이 있다.
5) 잔새우는 찜으로 사용할 수 없다.

한식 양식 중식

왕새우칠리소스

(干燒大蝦)

재료

중하 6마리, 전분 30ml, 다진마늘 1.5Tbsp, 계란 1/2개, 대파 15g, 밀가루 20ml, 청피망 15g, 홍피망 15g, 완두콩 10g

★ 향신료 : 대파 10g, 생강 3g, 마늘(Slice) 1.5개

★ 주재료 양념 : 식용유 1.5Tbsp, 고추기름 3Tbsp, 두반장 1.5Tbsp, 육수 30ml, 토마토 케찹 70ml, 설탕 40ml, 식초 2Tbsp, 물전분 농도

****만드는 법****

1. 파는 잘게 썰고, 청 · 홍피망은 사각으로 조그맣게 썬다. 마늘은 다지고, 새우는 머리부분과 꼬리부분을 제외한 부위는 껍질을 깐 다음 등을 갈라 내장을 제거한다.
2. 내장을 제거한 새우는 계란, 물전분, 밀가루를 묻혀 노릇노릇하게 두 번 튀긴다.
3. 팬을 달구어 고추기름, 식용유를 두르고 마늘 넣어서 살짝 볶아 향을 낸다. 향이 나기 시작하면 주재료와 두반장을 넣고 볶다가 육수, 토마토 케첩, 설탕, 식초 넣어서 간한다.
4. 3.의 내용물이 끓으면 전분 풀어 농도를 맞춘 다음 2.에 튀겨 놓은 새우를 넣고 살짝 볶아 마무리한다.

*****핵심포인트*****

1) 고객의 취향에 따라 고추기름 소스를 제공한다.
2) 송화단에 절인생강을 말아서 제공하면 일품이다.
3) 송화단은 삶으면 특유의 맛을 잃을 수 있으므로 꼭 찜통에 찐다. 단 뚜껑은 꼭 열어야 한다. 그렇지 않으면 갈라진다.

계란말이

(蛋皮春捲)

재료

돼지고기 50g, 잔새우 40g, 양파 1/2개, 부추 20g, 당근 20g, 표고 20g, 배추 20g, 계란 3개, 죽순 20g, 조미료 1/2Tbsp, 전분 20ml, 간장 2Tbsp, 정종 1tsp, 후추 1/3Tbsp, 참기름 1/2Tbsp, 밀가루 2Tbsp

만드는 법

1. 돼지고기는 채를 썰어 전분, 계란흰자, 식용유를 넣어서 한쪽방향으로 돌린 후 기름에 데친다.
2. 양파, 부추, 버섯, 죽순, 배추는 4~5cm 길이로 썰어 놓는다.
3. 팬을 달군 다음 기름을 두르고 야채 및 고기, 새우를 넣고 볶다가 양념을 해서 식혀 놓는다.
4. 계란은 소금, 전분을 약간 넣고 거품이 일지 않게 잘 풀어 지단을 부친다
5. 지단 위에 준비된 재료들을 넣고 동그랗게 말아서 튀김옷을 입혀 튀긴 뒤 한 입 크기 정도의 길이로 썰어 담아낸다.

핵심포인트

1) 지단을 할 때 소금, 물 전분을 섞어 풀면 말이를 할 때 갈라지지 않는다.
2) 지단의 끝이 떨어지지 않게 하려면 밀가루를 물에 개어서 지단의 끝에 발라서 부친다.
3) 튀김을 할 때 160℃의 온도가 가장 적당하다.
4) 야채는 4~5cm 정도의 채로 썰어야 한다.
5) 튀길 때 서로 엉겨 붙을 수 있으므로 튀김옷을 만들어 발라야 한다.
6) 자를 때 속이 튀어나올 수 있으므로 유의해야 한다.
7) 계란에 물전분을 너무 많이 넣으면 맛이 떨어진다. 따라서 적당하게 넣고 잘 저어 주어야 한다.
8) 계란은 흰자가 없게 잘 저어야 한다.
9) 코팅된 양식 팬을 사용하면 지단이 잘 굽혀진다.

탕수도미

(糖醋加魚)

재료

조기 1마리, 양파 1/2개, 당근 30g, 표고 30g, 흑목이 10g, 청피망 20g, 홍피망 10g, 죽순 30g, 식용유 3Tbsp, 간장 2Tbsp, 설탕 50ml, 식초Tbsp, 전분 180ml, 계란 1개

만드는 법

1. 도미는 비늘을 긁어내고 아가미 또는 입 쪽으로 젓가락을 넣어 내장을 긁어낸 다음 5cm로 3개 정도 칼집을 내야 한다.
2. 목이버섯은 불리고 양파, 당근, 표고버섯, 죽순, 청 · 홍 피망은 채를 썰어 준비한다.
3. 도미는 달걀과 전분으로 튀김옷을 만들어 입힌 180℃ 기름에 튀겨 접시에 놓는다.
4. 팬이 달구어진 후 기름을 두르고 2.의 재료를 볶다가 육수를 넣고 간장, 설탕, 소금, 식초를 넣어 물 녹말로 농도를 맞춘다.

핵심포인트

1) 조기는 아가미로 내장을 빼고 가로 5cm 정도 간격으로 3번 넣는다. 양면으로 해야 한다.
2) 생선은 잘 익지 않으므로 완전히 익혀야 한다.
3) 생선을 튀길 때 머리부분부터 양쪽으로 돌려가며 넣는다.
4) 생선을 익힐 때는 젓가락으로 살짝 찔러가며 익히면 된다.
5) 생선내장은 완전히 제거되어야 한다.
6) 고객의 취향에 따라 간장소스 또는 케첩소스로 만든다.
7) 도미에 칼집은 넣지 않고 완전히 편으로 뜨서 탕수육 고기처럼 잘라서 튀겨도 된다. 뼈는 마른 전분을 발라서 튀겨서 접시에 놓고 그 위에 소스를 뿌리면 된다.

한식 양식 중식

전가복

(全家福)

재료 ☞ 4인 기준

해삼 40g, 죽순 25g, 오징어 30g, Babycorn 20g, 잔새우 30g, 표고 25g, 소라 30g, 물밤 20g, 피조개 25g, 양송이 30g, 관자 25g, 청경채 15g, 복어포 25g, 브로콜리 25g, 초고버섯 2알, 송이 20g, 대파 10g, 관자 20g, 마늘(Slice) 1.5개, 은행 5알, 생강 3g, 아스파라거스 15g, 전복 20g, 중새우 1마리, 식용유 1.5Tbsp, 미원 1/2tsp, 정종 1.5tsp, 후추 1/3tsp, 육수 80ml, 물전분 농도, 굴소스 간, 참기름 1tsp.

★ 소스재료 양념 : 파기름 1Tbsp, 소금 간, 대파 20g, 후추 1/3tsp, 정종 1Tsp, 물전분 농도, 육수 50ml, 참기름 1tsp

만드는 법

1. 해삼, 소라, 복어포, 관자는 편으로 썬다. 오징어는 등에 칼집을 넣어서 썰고, 피조개는 안쪽에 칼집을 넣어서 썬다.
2. 초고버섯은 반으로 자르고, 청경채, 베이비 콘은 반으로 잘라 2cm크기로 자른다. 죽순, 표고, 양송이는 편으로 자른 다음 소스재료 준비를 한다.
3. 중새우는 껍질을 제거한 다음 반으로 자르고, 송이, 관자, 전복은 편으로 뜬다. 아스파라거스는 반으로 자른다.
4. 대파 2cm, 생강 채, 마늘은 편으로 썰어 놓는다. 나머지 대파는 잘게 썰어 놓는다.
5. 주재료와 소스재료는 끓는 물에 살짝 데친다.
6. 팬에 식용유 두르고 4.의 재료를 넣고 살짝 볶아 정종을 넣어 향을 낸다. 향이 나기 시작하면 주재료를 넣고 볶다가 육수→미원→ 굴소스→ 후추를 넣고 내용물이 끓으면 전분을 풀어 농도를 맞춘 다음 참기름 한방울 둘러 그릇에 담고 소스준비를 한다.

소스 조리법

① 팬에 파기름 두르고 4.의 잘게 썰은 파를 넣고 살짝 볶아 정종을 넣어서 향을 낸다. 향이 나기 시작하면 육수를 붓고 소금, 후추로 간한 다음 물전분을 풀어 농도를 맞춘다.
② 데쳐놓은 5.의 소스재료를 2.에 넣고 참기름 한방울 둘러 6.의 완성된 재료위에 붙는다.
③ 소스를 조리할 때 치킨베이스를 조금 사용해도 향이 향긋하다.
④ 소스를 기름, 육수, 전분의 양이 정확하게 맞추어져야 한다. 그러면 소스의 색이 윤기가 난다.

한식 양식 중식

쇠고기 야채볶음

(牛肉素什錦)

재료

쇠고기 방심 180g, 초고버섯 3개, 은행 7개, 표고 2장, 청경채 1개, 당근 40g, 양송이 1개, 청피망 1/4개, 샐러리 80g, 죽순 80g, 홍피망 1/4개, 베이비콘 1개.

★ 쇠고기반죽 : 계란1/2개, 식용유 30ml, 간장 20ml, 전분 20g, 소다 3g, 물 30ml. 향신료 : 파 60g, 마늘 30g, 생강 20g.

★ 양념 : 정종 1Tbsp, 간장 1/2Tbsp, 미원 1/2Tbsp, 굴소스 1/2Tbsp, 후추 1/4tsp, 물전분-농도, 참기름 1/4Tbsp

만드는 법

1. 쇠고기 방심은 편으로 썰어서 체에 받쳐서 핏물을 뺀다.
2. 표고버섯을 물에 불려서 뜨거운 물에서 삶아서 죽순, 양송이와 같이 편으로 썰고, 베이비 콘은 반으로 갈라서 2등분한다.
3. 초고버섯은 2등분, 청경채는 2cm로 자르고, 청피망, 홍피망은 삼각형으로, 당근은 모양을 내어서 슬라이스한다. 은행은 볶아서 껍질을 벗기고 샐러리는 어슷하게 썬다.
4. 향신료 파는 반으로 갈라 2cm, 마늘은 슬라이스, 생강은 얇게 채썬다.
5. 1.의 쇠고기는 간장, 계란, 물전분, 소다를 넣고 잘 버무린 다음 물을 넣고 더 버무린다. 식용유를 넣고 마지막으로 버무려서 마무리 한다.
6. 5.의 쇠고기를 뜨거운 팬에 기름을 넉넉하게 둘러 살짝 데쳐낸다.
7. 2. 3.의 야채는 뜨거운 물에 데친다.
8. 팬에 식용유 둘러 4.의 파, 마늘, 생강을 넣고 볶은 다음 정종을 넣어서 향을 낸다.
9. 8.에 간장으로 간을 한 다음 야채를 넣고 살짝 볶는다.
10. 9.에 육수, 미원, 후추를 넣고 굴소스로 간을 맞춘 다음 전분으로 농도를 맞추어 참기름 한방울 둘러서 마무리 한다.

핵심포인트

1) 야채에 양상치를 추가로 넣을 수 있다. 단 양상치는 볶을 때 마지막에 넣는다.
2) 쌍녹두를 사용하여 색을 진하게 내어도 된다.
3) 마지막에 참기름과 파기름을 넣어서 마무리해도 된다.
4) 중국요리에서는 육류종류는 간장으로 간하고 해물을 굴소스로 간을 했다. 그러나 요즈음은 꼭 그런 원칙을 따질 수는 없다. 간장과 굴소스를 반반 사용하면 맛이 한결 좋다.

한식 양식 중식

쇠고기 짜장볶음

(京醬牛肉絲)

재료

소고기 200g, 죽순 50g, 표고버섯 50g, 대파 50g

★ 양념 : 식용유 2Tbsp, 청주 1Tbsp, 육수 80ml, 조미료 Tbsp, 춘장 3Tbsp, 설탕 1tsp, 소금 약간, 물전분 약간, 참기름 1tsp.

★ 소고기 양념 : 계란개, 전분 1Tbsp, 소다 tsp, 물 30ml, 간장 약간, 식용유 30ml

★ 향신료 : 다진 마늘 1Tbsp, 다진 생강 Tbsp

만드는 법

1. 대파는 실처럼 가늘게 설어서 물에 담가 매운 맛을 뺀다. 소고기는 채를 썰어 핏물을 제거한 뒤 양념을 한다. 표고버섯은 물에 불려 삶아서 죽순과 함께 채를 썰고 마늘과 생강은 다진다.
2. 1.의 대파는 마른 천으로 물기를 제거한 다음 그릇에 둥글게 놓는다.
3. 팬을 달군 다음 기름을 두르고 소고기를 살짝 데친 다음 기름을 뺀다.
4. 다시 팬에 식용유를 두르고 마늘과 생강을 넣어 볶은 뒤 청주를 넣어서 향을 낸다. 향이 나기 시작하면 죽순과 표고버섯을 넣어 볶고 육수, 조미료, 춘장, 설탕, 소금으로 양념한 다음 데친 소고기를 넣는다.
5. 내용물이 끓으면 전분으로 농도를 맞추고 참기름을 한 방울 둘러서 2.의 접시 위에 놓는다.

핵심포인트

1) 꽃빵과 잘 어울리는 요리로는 쇠고기피망볶음, 부추잡채, 소고기짜장볶음 등이 있다.

한식 양식 중식

꽃빵

(花卷)

재료

반죽재료 : 밀가루(중력분) 500g, 생이스트 9g, 베이킹 파우더 1tsp, 우유 100ml, 설탕 1tsp

부재료 : 식용유 70ml

만드는 법

1. 30℃의 따뜻한 물에 생이스트와 설탕을 녹여 따뜻한 곳에 10분 동안 두면 이스트가 증식하면서 거품이 생긴다.
2. 밀가루에 1.의 재료를 넣어 반죽하여 40℃ 되는 장소에서 2시간 정도 발효시킨 후 밀가루와 베이킹파우더를 넣고 반죽한다.
3. 반죽을 편편하게 밀어 기름을 바르고 둥글게 말아서 직경 5cm 크기로 자라 젓가락으로 눌러 꽃 모양을 만든다.
4. 30분간 발효시킨 후 찜통에 거즈를 깔고 7분간 쪄낸다.

핵심포인트

1) 꽃빵을 말 때 적당하게 말아야 한다.
2) 반죽을 펼친 다음 기름을 바를 때 너무 많이 바르지 않도록 해야한다.

한식 양식 중식

군만두

(煎飯子)

재료

반죽재료 : 밀가루 180g, 소금 1tsp, 끓인물 약간

만두소 재료 : 돼지고기 50g, 소고기 50g, 부추 50g, 배추 50g, 대파 30g, 생강 3g, 양념, 간장 약간, 물 30ml, 후추 tsp, 조미료 tsp, 식용유 25ml, 참기름 1Tbsp

****만드는 법****

1. 밀가루에 소금과 끓는 물을 넣고 반죽하여 손으로 주무른 뒤 젖은 수건으로 덮어 숙성시킨다.
2. 배추는 송송 썰어 소금에 절이고 난 뒤 흐르는 물로서 짠맛을 빼고 거즈에 싸서 물기를 뺀다. 부추와 파는 송송 썰고 소고기, 돼지고기, 생강은 다진다.
3. 2.의 소고기와 돼지고기에 배추, 다진 생강, 대파, 물, 조미료, 식용유, 참기름을 함께 넣어 한 방향으로 돌려서 소가 부드러워지면 부추를 넣고 버무린다.
4. 1.의 반죽을 잘 치대어 가래떡처럼 늘인 다음 1cm의 크기로 떼서 밀대로 돌려가며 지름 6cm 크기의 만두피를 만든다.
5. 완성된 만두피에 만두소를 넣고 주름을 잡아 만두를 빚는다.
6. 찜통에 젖은 거즈를 깔고 완성된 만두를 넣어서 10분 정도 쪄서 식힌다.

*****핵심포인트*****

1) 만두소는 충분히 식용유와 물이 넣어야 부드럽다. 단 완성된 후 만두소에서 물이 나오면 안된다.
2) 부추는 마지막에 넣고 손으로 살짝 버무린다.
3) 만두피가 마르지 않게 천으로 덮어서 밀대로 민다.
4) 만두반죽을 할 때 딱딱하게 하면 잘 밀어지지 않는다.
5) 밀가루는 중력분으로 해야 한다.
6) 군만두와 찐만두의 차이점은 찐만두를 구워서 나가면 군만두, 쪄서 나가면 찐만두이다.

물만두

(水餃子)

재료

밀가루(중력분) 200g, 소금 소량, 다진 돼지고기 50g, 배추 30g, 부추 25g, 파 15g, 생강 5g, 조미료 1tsp, 정종 1Tbsp, 간장 2Tbsp, 참기름 2Tbsp, 물 100ml, 대파 25g, 식용유 100ml

만드는 법

1. 밀가루는 소금을 넣고 끓는 물로 반죽하여 젖은 수건으로 덮어둔다. 배추는 송송 썰어 소금에 절여서 물기를 빼고, 부추는 송송 썰어 파 다진 것과 돼지고기 다진 것, 생강 다진 것, 청주, 소금, 물, 조미료, 식용유, 참기름을 함께 넣어 한 방향으로 돌려 만두소를 준비한다.
2. 만두피는 반죽은 찬물을 넣어서 잘 치어 가래떡처럼 늘여 1cm의 크기로 떼어서 밀대로 돌려가며 6cm 크기의 만두피를 만든다.
3. 작은 수저로 소를 만두피에 한 수저씩 떼어놓고 반으로 접어 양쪽 엄지손가락 사이에 넣고 꾹 눌러 반달형 모양이 되도록 빚는다.
4. 물이 끓으면 만두를 넣어 삶아 건져서 접시에 담고 국물을 조금 부어서 낸다.

만두피 만들기

① 만두피는 뜨거운 물에 반죽하여 숙성을 시켜놓는다.

② 반죽하여 가래떡처럼 길게 늘여 놓는다.

③ 한알씩 떼어서 손바닥으로 누른다.

④ 눌러진 반죽을 밀대로 밀어 얇게 한다. 만두피의 크기는 6cm정도가 적당하다.

⑤ 만두피를 손바닥에 놓고 만두소를 넣는다.

⑥ 양손으로 눌러 만들어 낸다.

핵심포인트

1) 만두소는 알맞게 넣어 피가 찢어지지 않게 한다.
2) 만두피를 만들 때 반죽이 마르지 않게 유의하여야 한다.
3) 소를 많이 넣으면 삶았을 때 소가 튀어나오므로 유의해야 한다.
4) 기름과 물을 배합을 적당하게 하여야 소가 부드럽다.
5) 만두소를 돌릴 때 한 방향으로 계속해서 돌려야 한다.
6) 만두는 1인분에 보통 10개를 원칙으로 한다.

양장피

(兩張皮)

재료

양장피 1/2장, 돼지고기 50g, 양파 1/3개, 부추 30g, 표고 2개, 생강 5g, 파 15g, 당근 1/4개, 오이 1/4개, 달걀 1개, 간장 3Tbsp, 참기름 1Tbsp, 정종 1Tbsp, 홍피망 20g, 청피망 20g, 죽순채 20g, 식초 3Tbsp, 설탕 3Tbsp, 육수 또는 물 2Tbsp, 조미료 1/3Tbsp, 잔새우 30g, 해파리 30g, 불린 해삼 30g, 겨자 10g, 후추 1tsp, 마늘 5g

만드는 법

1. 양장피를 물에 담갔다가 부드러워지면 끓는 물에 데쳐서 찬물에 담갔다가 물기를 제거한 후 사방 4cm의 크기로 찢어서 준비한다.
2. 오향장육은 데쳐서 간장, 대파, 생강, 팔각, 건고추, 고량주, 미원, 설탕을 넣고 40분 정도 삶아서 식힌다.
3. 오향장육, 당근, 오이, 불린해삼은 5cm길이로 채를 썰고 해파리, 잔새우는 더운물에 데쳐서 준비해 둔다.
4. 돼지고기는 채를 썰어 계란흰자, 전분, 식용유를 넣어 버무린 뒤 기름에 살짝 데쳐서 준비하고 청 · 홍피망, 양파, 부추는 채를 썰어 놓는다.
5. 접시 가장자리를 기준으로 동그랗게 3.의 재료를 돌려놓고 양장피를 중앙에 담은 뒤 팬에 기름을 두르고 파, 마늘, 생강, 정종 순으로 넣어 향을 낸다.
6. 간장으로 간하여 야채를 볶은 뒤 조미료, 후추를 넣고 볶아서 참기름 둘러 완성한다.
7. 양장피 놓은 위에 볶은 야채를 올리고 겨자소스를 곁들인다.

핵심포인트

1) 접시에 담아낼 때 같은 색으로는 배열을 하지 않는다(예: 해삼→장육).
2) 야채를 놓을 때는 ×로 놓는다.
3) 양장피는 천물에 담가 두었다가 더운물에 데친 후, 바로 찬물에 씻어 꺼내야 촉감이 부드럽고 쫄깃쫄깃하다.
4) 돼지고기는 채로 썰어 계란흰자, 전분, 물, 기름을 넣고 버무려 살짝 기름에 데쳐낸다. 새우는 먼저 삶아서 준비한다.
5) 야채와 장육은 같은 크기로 채 썰어야만 색의 조화가 잘 맞는다.
6) 겨자는 따뜻한 물에 개어서 발효시켜야 매운 맛을 낼 수 있다.
7) 기름에 돼지고기를 데칠 때 냄비는 뜨겁게, 기름은 따뜻하게 한다.
8) 양장피는 참기름에 살짝 버무리면 향이 좋다.

한식 양식 중식

잡탕밥

재료

해삼 40g, 죽순 20g, 오징어 30g, 표고 20g, 중새우 2마리, 물밤 15g, 소라 30g, 양송이 20g, 피조개 25g, Babycorn 15g, 관자 25g, 청피망 15g, 복어포 25g, 홍피망 10g, 왕게다리살 20g, 브로코리 15g, 시바새우 20g, 초고버섯 20g, 밥 150g

★ 향신료 : 대파 10g, 마늘(Slice) 1.5개, 생강 3g

★ 양념 : 고추기름 1.5Tbsp, 미원 1/2tsp, 정종 1.5Tbsp, 굴소스 간, 육수 80ml, 물전분 농도, 굴소스 간, 참기름 1tsp, 간장 1tsp, 후추 1/3tsp

만드는 법

1. 해삼, 소라, 복어포, 관자는 편으로 썰고, 새우는 껍질을 제거하고 2등분한다.
2. 오징어는 등에 칼집을 넣어서 썰고, 피조개는 안쪽에 칼집을 넣어서 썬다. 왕 게살은 2cm 크기로 자른다.
3. 초고버섯은 반으로 자르고, 브로코리는 한입 크기로 자른다.
4. 양송이, 표고, 죽순은 편으로 썰고, 청경채는 2cm로 자른다.
5. 대파는 반으로 잘라 2cm, 생강 다지고, 마늘은 편으로 썰어 놓는다.
6. 해물과 야채는 끓는 물에 살짝 데쳐 물기를 뺀다.
7. 팬에 고추기름을 두르고 파, 마늘, 생강을 넣고 살짝 볶아 향을 낸다.
8. 7.에 정종, 간장을 넣고 향을 낸 다음 데친해물과 야채를 볶는다.
9. 8.에 육수→미원→ 굴소스→후추를 넣고 내용물이 끓으면 전분을 풀어 농도를 맞춘 다음 참기름 한방울 넣고 마무리한다
10. 접시에 밥을 놓고 볶은 9.를 곁들인다. 계란국물과 함께 제공한다.

핵심포인트

1) 후라이 팬에서 빨리 볶아 내야한다.
2) 육수는 약간 많이 넣고 전분처리해야한다.

새우볶음밥

(蝦仁炒飯)

재료

잔새우녹은 것 70g, 계란 1개, 소금 간, 대파 50g, 밥 1공기, 당근 50g, 미원 10g

만드는 법

1. 쌀은 불려서 밥을 고슬고슬하게 한다.
2. 당근은 편으로 썰어서 다시 채로 썬 다음 다시 사각형으로 썬다.
3. 대파는 반으로 갈라 슬라이스로 썬다.
4. 새우는 끓는 물에 삶아서 찬물에 담가둔다.
5. 계란은 잘 저어서 놓는다.
6. 팬을 뜨겁게 달구어 식용유로 코팅한 다음 기름은 버리고 깨끗한 식용유를 3Tbsp를 두른다.
7. 계란을 넣고 살짝 볶아서 익힌 다음 대파, 당근, 새우, 밥을 넣고 센불에 볶는다.
8. 미원과 소금을 넣고 향이 날 때 까지 계속 볶아서 완성한다.

핵심포인트

1) 볶은밥의 밥은 고슬고슬해야 한다. 물기가 많으면 절대 볶음밥이 되지 않는다.
2) 완두콩을 넣어도 되고 넣지 않아도 된다.
3) 야채를 먼저 넣고 볶은 다음 계란을 풀어도 된다.
4) 팬이 코팅이 되지 않으면 밥이 바닥에 달라 붙는다.
5) 바닥에 밥이 달라 붙으면 물을 조금씩 넣어 가면서 볶으면 된다.
6) 참기름을 넣으면 볶음밥 고유의 향긋한 맛이 없어진다.

외식 창업 컨설팅 실무

2018년 02월 25일 1판 1쇄 **인쇄**
2018년 02월 28일 1판 1쇄 **발행**

지은이_ 조용범
펴낸이_ 윤용호

펴낸곳_ 석학당 출판사
출판등록_ 2004.10.23 제 10-2238호
주소_ 서울특별시 마포구 토정로 222 한국출판콘텐츠센터 3층 301호
전화_ 02) 719-6116
팩스_ 02) 719-6120
e-mail_ shd6116@chol.com
homepage_ http://shdbooks.co.kr

가격_ 28,000
ISBN_979-11-87621-14-0

이 도서의 국립중앙도서관 출판예정도서목록(CIP)은 서지정보유통지원시스템 홈페이지(http://seoji.nl.go.kr)와 국가자료공동목록시스템(http://www.nl.go.kr/kolisnet)에서 이용하실 수 있습니다.
(CIP제어번호 : CIP2018003594)